Francisco Afonso

Tolerância a falhas para aplicações incorporadas em tempo real

Francisco Afonso

Tolerância a falhas para aplicações incorporadas em tempo real

Uma abordagem de sistema operacional para apoiar a tolerância a falhas

ScienciaScripts

Imprint
Any brand names and product names mentioned in this book are subject to trademark, brand or patent protection and are trademarks or registered trademarks of their respective holders. The use of brand names, product names, common names, trade names, product descriptions etc. even without a particular marking in this work is in no way to be construed to mean that such names may be regarded as unrestricted in respect of trademark and brand protection legislation and could thus be used by anyone.

Cover image: www.ingimage.com

This book is a translation from the original published under ISBN 978-3-8383-4068-5.

Publisher:
Sciencia Scripts
is a trademark of
Dodo Books Indian Ocean Ltd., member of the OmniScriptum S.R.L Publishing group
str. A.Russo 15, of. 61, Chisinau-2068, Republic of Moldova Europe
Printed at: see last page
ISBN: 978-620-3-20377-6

Agradecimentos

Gostaria de agradecer aos meus supervisores na Universidade do Minho, Prof. Dr. Adriano Tavares e Prof. Dr. Carlos Silva, pelo seu contínuo apoio e orientação durante os quatro anos deste trabalho. Estou grato pela sua constante disponibilidade para discutir a direcção da tese, por me ajudarem com temas difíceis, e por fornecerem todos os recursos de que precisava para levar a cabo este trabalho.

Ao Dr. Sergio Montenegro, meu supervisor na FIRST, e agora na DLR, gostaria de agradecer a gentileza e hospitalidade com respeito ao meu estágio na FIRST. Estou igualmente grato pelos vários e-mails que me respondeu explicando os mecanismos do BOSS e propondo soluções para os problemas que enfrentei.

Gostaria também de agradecer aos meus colegas doutorados no Departamento de Electrónica Industrial, Josd Carlos Metrolho, Sergio Lopes e Paulo Cardoso, pelos seus conselhos e apoio à minha investigação. Gostaria que tivéssemos podido trabalhar de perto durante o nosso tempo de investigação.

Estou igualmente grato pelo apoio financeiro fornecido por *Fundagão para a Ciencia e a Tecnologia,* que patrocinou a minha bolsa de estudo, o meu estágio na FIRST, e a apresentação do meu trabalho em várias conferências e workshops. Agradeço também à Universidade do Minho e ao Departamento de Electrónica Industrial, por proporcionar um ambiente de trabalho adequado e por financiar a aquisição do hardware necessário.

Aos meus irmãos João Luiz e Josd Augusto, gostaria de agradecer o seu encorajamento e assistência desde a proposta de tese até à revisão da tese.

Tudo o que fiz seria muito mais difícil se não fosse pelos meus pais, Francisco e Cândida, que nos receberam em casa durante mais de seis meses e nos deram muito carinho e amor durante estes quatro anos.

Por último mas não menos importante, desejo agradecer à minha amada esposa Helena e aos meus queridos filhos Mariana e Carlos, por estarem sempre ao meu lado durante este árduo esforço. Uma pesquisa de doutoramento pode ser uma tarefa muito solitária, e tenho a certeza que não a teria terminado se não tivesse a minha família atenciosa em casa. A eles dedico esta tese.

Suporte do Sistema Operativo a Tolerância a Falhas em Aplicaţoes Embebidas de Tempo-Real

Resumo

Tolerância a falhas ë um meio de obter-se alta confiabilidade para sistemas criticos e de elevada disponibilidade. Apesar dos esforcos para prevenir e remover falhas durante o desenvolvimento destes sistemas, a aplicaşăo de tolerância a falhas ë normalmente necessâria, jâ que o hardware pode falhar durante a operaşăo do sistema e falhas de software săo muito difîceis de eliminar completamente.

Uma das dificuldades na implementaşăo de tëcnicas de tolerância a falhas ë a falta de suporte por parte dos sistemas operativos e *middleware*. Na maioria dos projectos tolerantes a falhas, o programador deve desenvolver uma implementaşăo de tolerância a falhas para cada aplicaşăo. Esta elevada adaptaşăo torna o software tolerante a falhas dispendioso e dificil de implementar e manter. Em particular, para sistemas embebidos de pequena escala, a introduşăo de tëcnicas de tolerância a falhas pode tambëm ter impacto nos seus restritos recursos, tais como capacidade de processamento e tamanho da memâria.

O propâsito desta tese ë prover suporte a tolerância a falhas para aplicaşoes de tempo real em sistemas embebidos de pequena escala. A principal abordagem utilizada nesta tese foi desenvolver e integrar uma *framework* tolerante a falhas, customizâvel e extensivel, a um sistema operativo de tempo real, a fim de satisfazer as necessidades de uma larga gama de aplicaşoes confiâveis. Especial atencao foi dada para permitir a coexistencia de tolerância a falhas com restrişoes de tempo real. A utilizaşăo da *framework* proposta apresenta diversas vantagens sobre implementaşoes ad-hoc, tais como simplificar a programacao a nivel da aplicaşăo e melhorar a configurabilidade e a facilidade de manutencao do sistema.

Ak'm disto, esta tese tambëm investiga a aplicaşăo de tëcnicas orientadas a aspectos no desenvolvimento de software tolerante a falhas, embebido e de tempo real. A Programaşăo Orientada a Aspectos (POA) ë empregada para segregar em mâdulos isolados todo o câdigo fonte tolerante a falhas, seguindo o principio da separaşăo de interesses, e para integrar a *framework* proposta com o sistema operativo.

Dois casos de estudo săo utilizados para avaliar a implementaşăo proposta em termos de desempenho e utilizaşăo de recursos. Os resultados mostram que os acrdscimos de recursos relativos a aplicaşăo da *framework* săo aceitâveis e os relativos a implementaşăo POA săo insignificantes.

Conteúdos

Capítulo 1

Introdução

Este capítulo descreve inicialmente a motivação da tese e os principais tópicos relacionados com este trabalho. A definição do problema de investigação e a formulação das questões de investigação são abordadas a seguir. Finalmente, a abordagem e as contribuições deste trabalho são indicadas.

1.1 Motivação

Os sistemas incorporados têm uma utilização generalizada em vários domínios, tais como a electrónica de consumo, automação doméstica/escritório, e a indústria automóvel. Não existe uma definição precisa do termo *sistema incorporado*. Em geral, os sistemas embebidos são definidos como sistemas de software de hardware que desempenham uma função específica, geralmente fazendo parte de um sistema maior, o que explica a denominação "embebido". Além de serem concebidos para executar uma função predefinida, em oposição a um sistema informático de uso geral (mainframe, desktop, notebook, etc.), os sistemas embebidos têm geralmente um método particular de desenvolvimento de software chamado desenvolvimento multiplataforma [96], em que o software é gerado noutra plataforma e depois é transferido para o dispositivo embebido.

A maioria dos sistemas incorporados tem de reagir ao ambiente do sistema de forma atempada. Os sistemas em tempo real têm de satisfazer restrições de tempo, e portanto a resposta correcta depende também do tempo em que é produzida. Exemplos de sistemas incorporados em tempo real incluem leitores de meios portáteis e sistemas de controlo. As consequências de não satisfazer uma restrição de tempo são graves nos sistemas em tempo real, em contraste com os sistemas em tempo real suave, nos quais existe algum grau de tolerância a violações de tempo.

Alguns sistemas incorporados exigem elevada fiabilidade, disponibilidade ou segurança, pois uma falha do sistema pode pôr em perigo vidas humanas ou comprometer o sucesso de todo o funcionamento do sistema. Estes são classificados como sistemas críticos de segurança e de missão crítica, respectivamente. Exemplos destes sistemas críticos incluem sistemas drive-by-wire em automóveis, sistemas fly-by-wire em aviónica, sistemas de controlo de mísseis e sistemas espaciais autónomos.

Os sistemas críticos são também denominados sistemas de alta dependência. A fiabilidade é um conceito mais amplo que inclui vários atributos, tais como fiabilidade, segurança, capacidade de manutenção e segurança. A fiabilidade dos sistemas de alta dependência pode ser várias ordens de magnitude superior à dos sistemas comerciais. Por exemplo, os equipamentos críticos dos aviões de transporte civil são concebidos para ter menos de 10-9 falhas catastróficas por hora de operação (uma falha em 114 mil anos) [71]. Requisitos semelhantes são aplicados nos sistemas de controlo ferroviário. São também necessários sistemas de alta dependência em satélites e missões espaciais porque a maioria destes sistemas deve funcionar sem qualquer tipo de manutenção.

Como os sistemas incorporados críticos são compostos por hardware e software, há uma forte necessidade de reduzir o número de falhas relacionadas com estes dois domínios. A fiabilidade do hardware tem vindo a aumentar constantemente ao longo do tempo. Contudo, podem ainda ocorrer falhas de hardware transitórias e permanentes, especialmente em ambientes sujeitos a partículas de alta energia e radiação, tais como sistemas espaciais. Em relação às falhas de software, a funcionalidade cada vez maior dos sistemas informáticos tem um impacto directo na complexidade do software, que é a principal causa das falhas de concepção do software. Apesar dos esforços realizados nas várias fases de desenvolvimento de software, incluindo a fase de teste, é provável que várias falhas de software permaneçam imprevisíveis e não detectadas. Por conseguinte, são necessárias técnicas de tolerância a falhas (FT) para manter o sistema operacional na presença de falhas de hardware e software.

Nos últimos 30 anos, foram propostas várias técnicas de tolerância a falhas. No entanto, a aplicação destas técnicas é dispendiosa, em termos de recursos e custos, e por isso são normalmente utilizadas apenas em sistemas de segurança ou de missão crítica.

A tolerância a falhas é geralmente aplicada por meio de redundância e diversidade. O hardware redundante implica o estabelecimento de um sistema distribuído executando um conjunto de estratégias de tolerância a falhas por software, e pode também empregar alguma forma de diversidade, através da utilização de diferentes variantes ou versões para o mesmo processamento. O hardware redundante envolve uma coordenação extra de software, o que torna o sistema de software mais complexo e propenso a erros. A tolerância a falhas de software pode ser implementada através da reexecução de software ou de técnicas de múltiplas versões, o que também requer a aplicação de mecanismos de controlo adicionais.

Em muitos projectos tolerantes a falhas, o programador tem de abordar tanto as preocupações relacionadas com a aplicação como as relacionadas com a tolerância a falhas. Esta forte personalização requer equipas de concepção altamente especializadas, tornando assim o software tolerante a falhas realista, dispendioso e difícil de implementar e manter. Portanto, há uma necessidade urgente de fornecer um apoio flexível para aplicações tolerantes a falhas que seja capaz de proporcionar algum grau de transparência ao desenvolvedor da aplicação e, ao mesmo tempo, que facilite a personalização numa vasta gama de aplicações, bem como diversos requisitos de fiabilidade.

Uma das dificuldades na implementação de técnicas de tolerância a falhas é a falta de apoio de sistemas operacionais e middleware. Os sistemas operativos não são concebidos tendo em mente o suporte de tolerância a falhas e mesmo aqueles que foram alargados para incluir alguns mecanismos básicos de tolerância a falhas não forneceram suporte para uma implementação totalmente tolerante a falhas. O mesmo acontece com implementações de middleware, tais como CORBA [90], que se destinavam originalmente a resolver o problema de distribuição, e apenas há alguns anos atrás especificaram mecanismos básicos de tolerância a falhas [88].

Outro problema relativo à implementação da tolerância a falhas é que esta tem um enorme impacto no comportamento em tempo real de uma aplicação. Uma implementação de tolerância a falhas normalmente exige cálculos adicionais para a detecção de falhas, implementações alternativas e coordenação de réplicas. Estes mecanismos alteram o comportamento da aplicação em tempo real e violam frequentemente restrições em tempo real. Como exemplo desta questão, pode ser mencionada a incompatibilidade das especificações FT-CORBA [88] e RT-CORBA [89] [48, 85].

Em particular, para sistemas incorporados de pequena escala, a introdução de técnicas de tolerância a falhas pode ter impacto nos recursos restritos destes sistemas, tais como o poder de processamento, tamanho da memória, consumo de energia, tamanho físico e peso. Estas restrições são consideradas nos requisitos de muitos projectos incorporados, tais como sistemas de satélites. A maioria da investigação sobre tolerância a falhas desenvolvida até agora concentra-se em sistemas de grande escala sem restrições de recursos, tais como sistemas de comando e controlo da marinha e sistemas de reserva de linhas aéreas. A maioria das soluções propostas para este tipo de sistemas não são aplicáveis a sistemas incorporados de pequena escala.

1.2 Declaração de problema

O objectivo desta investigação é fornecer suporte de tolerância a falhas para aplicações incorporadas em tempo real através da extensão de um sistema operacional em tempo real. O foco desta investigação está nos sistemas embutidos distribuídos em pequena escala ligados por redes locais ou autocarros de campo. A ênfase da tolerância a falhas é colocada no cálculo (computação tolerante a falhas) e não na comunicação entre nós, que se assume ser fiável.

As principais questões de investigação são:

- A abordagem acima descrita é viável e aceitável em termos de desempenho e custos de recursos?

- Que benefícios e desvantagens traz esta abordagem para o processo de desenvolvimento de software incorporado?

- Pode a Programação Orientada para os Aspectos (AOP) [62], uma nova técnica de separação avançada de preocupações [36, 91], ser aplicada ao nível do sistema operativo e da aplicação para apoiar a implementação de sistemas tolerantes a falhas incorporados? Em caso afirmativo, quais são os benefícios?

O sistema operacional utilizado nesta investigação foi o sistema operacional BOSS [81], desenvolvido pelo Instituto Fraunhofer de Arquitectura Informática e Tecnologia de Software (FIRST). Este sistema operativo foi escrito em C++, utiliza extensivamente tecnologia orientada para objectos, e inclui um middleware para suporte de comunicação baseado num protocolo de publicação-subscriber. O sistema operativo BOSS visa aplicações de alta dependência em tempo real, tais como sistemas de satélite e médicos.

1.3 Abordagem e contribuições

A principal abordagem adoptada nesta investigação foi desenvolver e integrar um quadro de tolerância a falhas personalizável e extensível num sistema operacional em tempo real, a fim de satisfazer as necessidades de uma vasta gama de aplicações de confiança. Esta estrutura FT define um conjunto de colaborações entre as classes básicas do sistema operativo e as classes de suporte de tolerância a falhas, a fim de implementar as técnicas de tolerância a falhas com a máxima transparência nos fios do nível de aplicação. Além disso, foi utilizado o AOP para fornecer uma modularização completa da implementação da tolerância a falhas.

As contribuições desta investigação são listadas da seguinte forma:

- A proposta de um quadro para o desenvolvimento de software tolerante a falhas incorporado em tempo real. Em contraste com trabalhos anteriores, visamos o nível de thread da aplicação, com base num modelo de thread que permite tanto threads estatais como sem estatais.

- O desenvolvimento de várias implementações de estratégias de tolerância a falhas utilizando o quadro proposto, a fim de cobrir uma vasta gama de requisitos de tolerância a falhas, apoiando tanto a tolerância a falhas de hardware como de software.

- O desenvolvimento de novos mecanismos para o middleware BOSS, nomeadamente para a identificação de mensagens, eliminação de mensagens duplicadas e tratamento de mensagens externas.

- A aplicação de técnicas orientadas para o aspecto ao desenvolvimento de software tolerante a falhas incorporado em tempo real. Em contraste com trabalhos anteriores, aplicámos o AOP a fim de proporcionar tolerância a falhas nos fios de aplicação. Além disso, utilizámos o AOP para integrar a estrutura FT proposta no sistema operacional original e para implementar mecanismos de tolerância a falhas ao nível do sistema operacional.

- A avaliação e comparação do quadro de tolerância a falhas proposto e a implementação do POA em termos de desempenho e custos de recursos com base em dois estudos de caso: uma aplicação de triagem e um sistema de filtragem por radar. Estes estudos de caso foram desenvolvidos utilizando uma placa de alvo PowerPC 823, numa configuração semelhante empregada num sistema informático de satélite. Os desempenhos baseados no tempo de execução, mais os custos relacionados com a sobrecarga do tempo de execução e o espaço de memória foram medidos para várias configurações e implementações de FT.

- A avaliação do quadro proposto e da implementação do AOP em termos de benefícios para o processo de desenvolvimento de software incorporado, incluindo questões de manutenção e de reutilizabilidade.

As abordagens e contribuições descritas nesta tese foram sucintamente apresentadas em artigos de investigação publicados por conferências e workshops internacionais relacionados com sistemas em tempo real, sistemas industriais incorporados e desenvolvimento de software orientado para o espectro [2-6].

1.4 Organização da tese

Esta tese está dividida em oito capítulos. Os restantes capítulos são descritos como se segue:

- **O capítulo 2** introduz as principais definições e conceitos relacionados com a tolerância a falhas. Apresenta também as técnicas de tolerância a falhas aplicadas neste trabalho e revê o trabalho relacionado com a tolerância a falhas.

- **O Capítulo 3** apresenta os principais conceitos relacionados com a Programação Orientada para o Espectro, descreve a extensão da linguagem AspectC++ e revê os resultados da investigação relativamente à aplicação do AOP em sistemas operacionais, middleware e sistemas tolerantes a falhas.

- **O capítulo 4** descreve as principais características do sistema operativo BOSS, incluindo o seu kernel e middleware. É apresentada uma breve introdução sobre os princípios, história e aplicações do BOSS, seguida de uma descrição detalhada do kernel e do middleware. São também descritas as extensões do middleware desenvolvidas para o tratamento de mensagens externas.

- **O capítulo 5** descreve o quadro de tolerância a falhas desenvolvido para apoiar a tolerância a falhas a nível de aplicação, como uma extensão do sistema operativo BOSS e do seu middleware. São apresentados os objectivos e restrições do quadro, bem como o modelo de rosca para introdução da FT. As estratégias de tolerância a falhas implementadas são descritas em pormenor. Este capítulo também discute os benefícios e desvantagens do quadro proposto para a FT.

- **O capítulo 6** apresenta como o AOP foi aplicado para apoiar a implementação da tolerância a falhas. Abrange a aplicação do DOP para três objectivos diferentes: (1) modular o código de tolerância a falhas ao nível da aplicação; (2) integrar a estrutura FT no sistema operacional; e (3) implementar a tolerância a falhas ao nível do sistema operacional. Este capítulo também discute os benefícios e desvantagens da aplicação do AOP.

- **O Capítulo 7** apresenta o ambiente de desenvolvimento e teste aplicado neste trabalho e descreve os estudos de caso desenvolvidos para testar a estrutura FT proposta, comparando o desempenho e os custos de várias configurações e implementações.

- **O capítulo 8** conclui esta tese e indica possíveis direcções futuras para este tópico de investigação.

Capítulo 2

Tolerância a falhas

Este capítulo introduz as principais definições e conceitos relacionados com a tolerância a falhas. Além disso, são apresentadas as principais técnicas e abordagens para construir sistemas tolerantes a falhas, bem como o trabalho relacionado com a tolerância a falhas.

2.1 Falhas, erros e falhas

Nesta secção, a terminologia básica em tolerância a falhas é introduzida explicando a diferença entre falhas, erros e falhas. Estes termos são frequentemente combinados com outros para classificar conceitos e técnicas de tolerância a falhas, pelo que é necessária uma definição precisa destes termos[1].

Uma **falha** é um evento que ocorre quando o serviço prestado por um sistema se desvia do serviço correcto [20]. O serviço correcto é o descrito na especificação do sistema. Um **erro** é uma parte do estado do sistema que pode causar uma falha subsequente. Uma **falha** é a causa de um erro.

A Figura 2.1 mostra a relação entre falhas, erros e falhas num sistema multicomponente [117]. Uma falha está activa quando produz um erro, caso contrário, está inactiva. Uma falha latente pode ser activada (gera um erro) após uma entrada de sistema ou um processo computacional. A falha de um componente representa uma falha para o sistema, e pode ainda gerar um erro do sistema. Os erros podem propagar-se dentro de um componente ou sistema. Um erro que não tenha sido detectado é um erro latente. Uma falha do sistema ocorre quando o erro se propaga para a interface do sistema. Em resumo, um defeito é um defeito, um erro é um estado corrompido, e uma falha é o evento que queremos evitar.

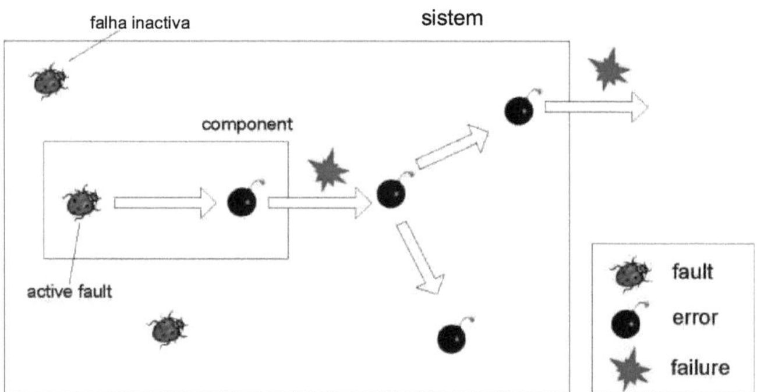

Figura 2.1: Falhas, erros e falhas.

As falhas podem ser classificadas de acordo com muitos critérios. Em relação ao domínio, existem falhas de hardware ou software. As falhas de concepção ocorrem muito mais frequentemente no software do que no hardware, devido à diferença de complexidade destes dois domínios. Esta diferença explica-se pelo facto de as máquinas de hardware terem

---

[1] Por exemplo, a detecção e tratamento de erros têm um significado completamente diferente da detecção e tratamento de falhas.

normalmente um número menor de estados internos do que os programas de software [98].

Em relação à persistência, as falhas podem ser classificadas em permanentes ou transitórias. As falhas de hardware podem ser permanentes ou transitórias, mas uma falha de software é sempre permanente. Falhas de software aparentemente transitórias são de facto falhas de software permanentes com padrões de activação complexos. A capacidade de identificar o padrão de activação de uma falha determina a reprodutibilidade da activação da falha. As falhas podem ser categorizadas de acordo com a sua reprodutibilidade de activação como sólidas (ou duras, ou bohrbugs [49]), e elusivas (ou suaves, ou heisenbugs [49]). A activação de falhas elusivas não é sistematicamente reprodutível. A activação de falhas elusivas pode depender, por exemplo, de combinações invulgares de estados internos e pedidos externos, carga do sistema, e tempo. A maioria das falhas residuais de concepção em software grande e complexo são falhas elusivas. A semelhança da manifestação de falhas de desenvolvimento elusivas e de falhas físicas transitórias leva a que ambas as classes sejam agrupadas como falhas intermitentes. Os erros produzidos por falhas intermitentes são denominados erros suaves [20].

As falhas podem ser classificadas em relação ao domínio como falhas de conteúdo e falhas de tempo. As falhas de conteúdo, também chamadas falhas de valor, apresentam um desvio no conteúdo da informação fornecida por um sistema em relação à especificação do sistema. Nas falhas de timing, o desvio está relacionado com a chegada ou duração da entrega da informação. Uma falha também pode ser consistente ou inconsistente. As falhas consistentes são percebidas de forma idêntica para todos os utilizadores do sistema, enquanto as falhas inconsistentes são percebidas de forma diferente por um ou mais utilizadores. As falhas incoerentes são também chamadas falhas bizantinas.

2.2 Fiabilidade e tolerância a falhas

A fiabilidade de um sistema informático é a capacidade de evitar falhas do sistema que são mais frequentes e mais graves do que aceitáveis [20]. O conceito de dependabilidade está fortemente ligado ao conceito de confiança, e compreende os seguintes atributos:

- **Fiabilidade**: continuidade do serviço correcto. Fiabilidade é a probabilidade de um sistema desempenhar satisfatoriamente a sua função pretendida, durante um período de tempo especificado. É geralmente expressa em termos de taxa de falha (X), ou o seu inverso, o tempo médio até à falha (MTTF) [71]. A fiabilidade do sistema depende do ambiente do sistema. Por exemplo, a activação de alguns tipos de falhas pode ser desencadeada por sequências de entrada específicas [111]. Um sistema pode ter muitas falhas, mas ainda assim ser fiável se o ambiente não desencadear qualquer activação de falha no seu funcionamento normal.

- **Disponibilidade**: prontidão para um serviço correcto. A disponibilidade é a probabilidade de um sistema estar a desempenhar a sua função requerida num determinado momento. Para calcular a disponibilidade do sistema é necessário incluir informação sobre o tempo médio para reparação (MTTR).

- **Segurança**: ausência de consequências catastróficas para o utilizador e para o ambiente. Um sistema à prova de falhas é aquele que não pode causar danos quando falha. Um sistema pode ser à prova de falhas, mas não é fiável e vice-versa. Para muitos sistemas, a propriedade à prova de falhas não pode ser garantida como, por exemplo, nos sistemas de controlo de voo de aviões [108]. A segurança também pode ser definida como a fiabilidade no que diz respeito a falhas catastróficas.

- **Confidencialidade**: ausência de divulgação não autorizada de informações.

- **Integridade**: ausência de alterações inadequadas do estado do sistema.

- **Capacidade de manutenção**: a capacidade de sofrer reparações e modificações.

Existem quatro meios básicos para alcançar a fiabilidade: prevenção de falhas, remoção de falhas, previsão de falhas e tolerância a falhas [20]. Estas técnicas são descritas como se segue:

- **Prevenção de falhas**: para evitar ou impedir a introdução de falhas na concepção do sistema. Exemplos de prevenção de falhas de software incluem métodos de concepção de software, modularização e reusabilidade. Muitas falhas de concepção são introduzidas devido a uma especificação incorrecta ou incompleta do sistema.

- **Remoção de falhas**: para detectar e eliminar falhas do sistema, tanto na fase de desenvolvimento como na fase operacional. Inclui a verificação, diagnóstico e correcção. A verificação pode ser estática, utilizando por exemplo inspecções e métodos formais, ou dinâmica, com a aplicação de injecção e teste de falhas.

- **Previsão de falhas**: para prever e estimar a presença e activação de falhas, bem como as suas consequências. As técnicas de previsão de falhas incluem o modo de falha e análise de efeitos (FMEA), cadeias de Markov e árvores de falha. As técnicas de previsão de falhas podem indicar a necessidade de modificações na concepção do sistema e a aplicação de tolerância a falhas.

- **Tolerância a falhas**: para preservar a entrega de um serviço de sistema correcto na presença de falhas activas. A tolerância a falhas destina-se a evitar que as falhas activas se transformem em falhas. Para alcançar a tolerância a falhas, o sistema deve reagir aos erros antes de estes atingirem os seus limites.

A Figura 2.2 mostra a relação entre os quatro meios para alcançar sistemas fiáveis. Como representado nesta figura, as falhas podem ainda estar presentes após o desenvolvimento e validação do sistema, quando são aplicadas técnicas de prevenção e remoção de falhas. As falhas remanescentes devem ser tratadas com cuidado no momento da operação, utilizando técnicas de tolerância a falhas. A previsão de falhas pode ser aplicada em todas as fases do ciclo de vida do sistema, utilizando tanto técnicas de previsão como de estimativa relativamente a falhas e avarias.

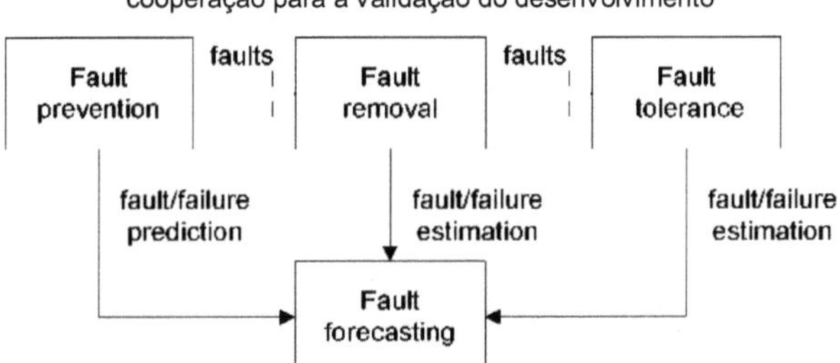

Figura 2.2: Meios para alcançar sistemas de confiança.

Em particular, as falhas de concepção de software são muito difíceis de eliminar completamente através da prevenção e remoção de falhas. Além disso, as falhas de hardware, permanentes ou transitórias, podem ocorrer durante o funcionamento do sistema. Portanto, apenas a tolerância a falhas pode lidar com falhas residuais de software e falhas operacionais de hardware.

A tolerância a falhas está directamente relacionada com a fiabilidade do sistema, uma vez que a sua aplicação aumenta o tempo entre falhas. O aumento da fiabilidade do sistema resultará também numa maior disponibilidade e segurança do sistema.

Os sistemas tolerantes a falhas podem ser classificados da seguinte forma [104, 111]:

- **Sistemas críticos**: exigem um elevado grau de fiabilidade e segurança. Esta categoria inclui sistemas críticos de segurança, nos quais uma falha pode causar a perda de vidas, e sistemas críticos de missão, nos quais uma falha pode causar danos no equipamento, ou a perda de esforços e a falha da missão. Alguns exemplos de sistemas críticos de segurança são os sistemas de controlo de voo, centrais nucleares e sistemas de controlo ferroviário. Os sistemas comerciais fly-by-wire, por exemplo, requerem uma probabilidade de falha por hora não superior a 10-9, considerada como de fiabilidade ultra-elevada [71].

- **Sistemas de longa duração**: exigem que um computador funcione como previsto quando o tempo entre manutenções é grande ou mesmo sem qualquer tipo de manutenção. Isto inclui, por exemplo, os satélites e os sistemas espaciais.

* **Sistemas de alta disponibilidade**: exigem uma probabilidade muito elevada de que o sistema esteja pronto para fornecer o serviço pretendido quando necessário, tais como sistemas de reserva de linhas aéreas.

* **Sistemas de uso geral**: são os menos exigentes em termos de tolerância a falhas, geralmente fornecendo apenas capacidades de detecção de erros.

2.3 Técnicas básicas de tolerância a falhas

A tolerância a falhas é implementada por meio de detecção de erros e recuperação do sistema. A detecção de erros visa a detecção de erros dentro do sistema. Vários métodos podem ser aplicados para detectar erros, tais como verificações de replicação, verificações de tempo, verificações de razoabilidade e verificações estruturais [57]. A recuperação do sistema deve aplicar o **tratamento de erros** para eliminar

o erro do estado do sistema e, adicionalmente, pode aplicar o **tratamento de falhas** para diagnosticar a falha e evitar que esta seja novamente activada. Existem três técnicas gerais de **tratamento de erros**: rollback, rollforward e compensação.

Na técnica de **retrocesso**, também chamada recuperação retroativa, o sistema é restaurado a um estado anterior assumido sem erros. Esta técnica requer que o estado do sistema seja armazenado periodicamente em pontos de recuperação pré-determinados, num processo chamado checkpointing. É eficaz contra falhas transitórias, porque estas falhas podem ter desaparecido após o reinício do último ponto de controlo. Para falhas permanentes, a utilização de mecanismos de retrocesso deve ser associada a outras técnicas como, por exemplo, a alteração do algoritmo em caso de falhas de software.

Na técnica **rollforward**, também chamada de recuperação avançada, o sistema é levado a um novo estado sem erros. Usando esta técnica, o sistema tenta fazer acções correctivas para remover o erro do estado do sistema. Por conseguinte, requer informações precisas sobre a natureza e extensão do erro. Este diagnóstico é dependente da aplicação e do sistema.

Na técnica de **compensação**, o estado errado contém informação redundante suficiente para permitir a eliminação de erros. Códigos de correcção como código Hamming e múltiplas execuções do mesmo cálculo são exemplos de compensação de erros. A compensação não depende da detecção de erros, e por isso pode ser executada continuamente. Esta forma de recuperação chama-se **mascaramento de falhas**. Alternativamente, a compensação só pode ser executada após alguma detecção de erro.

As técnicas de tratamento de erros eliminam erros do estado do sistema, mas não impedem a ocorrência de novos erros. Por este motivo, é necessário o **tratamento de falhas.** O tratamento de avarias envolve quatro etapas:

- **Diagnóstico de avarias**: identifica o tipo e localização da avaria.

- **Isolamento de falhas**: realiza a exclusão física ou lógica da participação futura na prestação de serviços.

- **Reconfiguração do sistema**: muda para um componente ou tarefa de reserva.

- **Reinicialização do sistema**: actualiza o estado do sistema e a informação de configuração.

Alguns componentes e sistemas são concebidos para falhar apenas em modos específicos que preservam a segurança (fail-safe) ou que não produzem resultados incorrectos que podem afectar o processamento posterior (fail-silent). Além disso, um sistema pode ser concebido para fornecer uma funcionalidade degradada em caso de falha, voltando à funcionalidade total após uma reconfiguração e reinicialização do sistema. Estes sistemas são denominados sistemas controlados por falhas.

2.4 Redundância

A implementação da tolerância a falhas depende muito da redundância. Redundância é a utilização de recursos adicionais que não são necessários para o funcionamento normal do sistema.

A redundância de hardware inclui hardware replicado e suplementar para suportar a tolerância a falhas, e é a forma mais utilizada de redundância em sistemas tolerantes a falhas. A redundância de software inclui programas, módulos e objectos adicionais para suportar a tolerância a falhas [94]. A redundância de informação é a utilização de informação adicional com o objectivo de detectar ou tolerar falhas. Exemplos de redundância de informação incluem a utilização de bits de paridade e códigos de correcção de erros. A redundância temporal envolve tempo adicional para fornecer tolerância a falhas como, por exemplo, utilizando cálculos sequenciais múltiplos, mas só é eficaz com falhas transitórias.

2.5 Diversidade do design

A redundância não é suficiente para tolerar falhas sólidas de concepção. Um hardware ou software replicado falhará de forma idêntica para estas falhas, uma vez que têm a mesma concepção. A fim de tolerar falhas de concepção sólidas, é necessário fazer uso da diversidade de concepção, o que significa a redundância da concepção.

A diversidade do design pode ser utilizada em todas as formas de redundância. Em sistemas de hardware envolveria a utilização de módulos de concepção de hardware diferente, enquanto que em software exigiria programas diferentes para implementar a mesma função. Para redundância de informação, a diversidade pode ser implementada utilizando diferentes estruturas de dados e não apenas simples cópias de dados.

A diversidade do desenho pode ser aplicada em todas as fases do desenvolvimento do software, tais como requisitos do sistema, desenho e implementação. Diversas especificações, linguagens de programação, algoritmos e equipas de software podem contribuir para aumentar a diversidade do design e, por conseguinte, para reduzir falhas relacionadas com falhas de design.

2.6 Tolerância a falhas de hardware

A tolerância a falhas de hardware é geralmente definida como o tipo de tolerância a falhas de hardware para lidar com falhas de hardware. As falhas de hardware foram uma questão principal nas primeiras idades da computação. Embora a fiabilidade dos sistemas de hardware tenha vindo a melhorar constantemente, as falhas de hardware continuam a ser um problema para os sistemas fiáveis.

As falhas de hardware podem ser permanentes ou transitórias. As falhas transitórias de hardware podem ser produzidas, por exemplo, por partículas subatómicas de alta energia, radiação electromagnética e flutuações de energia. As explosões de radiação são responsáveis por falhas permanentes e transitórias nos satélites.

A tolerância a falhas de hardware pode ser implementada através de mecanismos de hardware ou software. A aplicação de hardware extra para detectar e corrigir erros foi o primeiro método bem sucedido para conseguir sistemas tolerantes a falhas e ainda é aplicado em memórias, discos e microprocessadores. As placas Leon [45] e PPC-750FX [54], aplicadas em aplicações de alta dependência como aeroespacial, utilizam múltiplos circuitos no processador para recuperar de falhas de hardware.

A utilização de técnicas de software para recuperar de falhas de hardware é normalmente chamada tolerância a falhas de hardware baseadas em software [117]. Nestes sistemas, o software do sistema é modificado para implementar a detecção e manipulação de erros em unidades computacionais únicas ou múltiplas. São necessários vários computadores para tolerar falhas permanentes de hardware.

Alguns mecanismos de software concebidos para lidar com falhas transitórias de hardware, tais como recuperação retrospectiva, são também eficazes contra falhas elusivas de software. O estudo em [49] relaciona uma experiência na qual apenas 1 em 132 falhas de software elusivas se manifestaram novamente após uma segunda execução.

A redundância do hardware pode ser implementada em configurações estáticas, dinâmicas ou híbridas. As técnicas de redundância estática utilizam compensação ou mascaramento para evitar falhas do sistema. Um exemplo típico é a redundância modular tripla (TMR), representada na Figura 2.3, na qual três canais de saída (gerados por hardware ou software) são sujeitos a votação maioritária e, consequentemente, é tolerado um erro num canal. Os sistemas redundantes estáticos são rápidos e simples de implementar, mas exigem mais hardware do que outras configurações. N-Modular Redundância (NMR) é uma extensão da técnica TMR utilizando "n" módulos redundantes, que são capazes de tolerar (n-1)/2 módulos defeituosos.

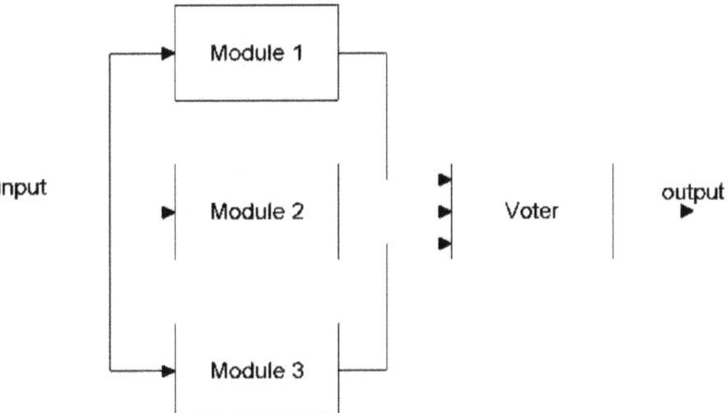

Figura 2.3: Redundância Modular Tríplice.

As técnicas de redundância dinâmica utilizam a detecção de erros seguida de manipulação de falhas para isolar os componentes defeituosos. Dois exemplos de redundância dinâmica são mostrados na Figura 2.4 [87]. Na Figura 2.4(a) são utilizados dois módulos de auto-verificação, e a saída final é escolhida com base nos sinais de erro. Na Figura 2.4(b), uma unidade de auto-verificação é construída por dois módulos que têm os seus resultados comparados. Outro exemplo de redundância dinâmica é a utilização de reserva (quente, quente ou frio).

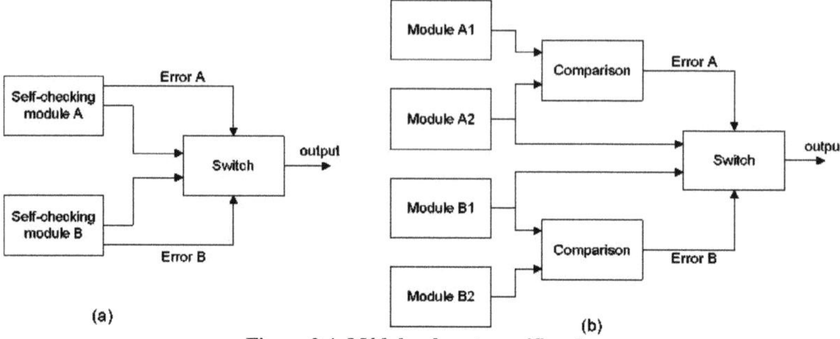

Figura 2.4: Módulos de auto-verificação.

As técnicas de redundância híbrida combinam elementos de redundância estática e dinâmica como, por exemplo, a substituição da unidade defeituosa por uma sobresselente na técnica TMR.

A funcionalidade adicional necessária para implementar redundância de hardware estática, dinâmica ou híbrida (por exemplo, eleitores e comparadores) pode ser fornecida por mecanismos de hardware ou software. Uma arquitectura comum baseada em mecanismos de software consiste num sistema multi-computador ligado por uma rede de comunicação, comummente referido como um sistema distribuído.

Em terminologia de sistemas distribuídos, a replicação significa a utilização de múltiplos hardware e software. As principais técnicas de replicação são:

- **Replicação activa** (também designada por abordagem da máquina de estado). Nesta técnica, todas as réplicas processam as entradas e enviam os resultados simultaneamente. Esta técnica pressupõe que todas as réplicas são determinísticas e alcançarão os mesmos resultados. Para os nós de falha-silenciosos, os nós de destino devem descartar as mensagens duplicadas. A técnica de replicação activa pode ser alargada para tolerar falhas de valor [92], como faz a TMR, e mesmo falhas bizantinas [72] .

- **Replicação passiva** (também designada por abordagem de apoio primário). Trata-se de uma técnica centralizada equivalente à da simulação de reserva. Nesta técnica todas as entradas são enviadas para uma réplica primária, que as processa e responde, actualizando o estado das réplicas de reserva. Se a réplica primária falhar, uma das réplicas de backup assume como primária. As réplicas passivas só podem ser aplicadas em nós silentes em caso de falha.

2.7 Tolerância a falhas de software

A complexidade é a causa principal das falhas de software nos sistemas informáticos [81, 111]. A tolerância a falhas de software é necessária devido à nossa incapacidade de produzir software livre de erros. A tolerância a falhas pode ser aplicada a diferentes camadas de software e elementos de software, tais como ao nível do sistema operativo, ao nível da aplicação, ao nível do processo, ao nível do objecto e ao nível da função/método.

A tolerância a falhas de software pode ser dividida em dois grupos: técnicas de software de versão única ou de versão múltipla. As técnicas de versão única destinam-se a tolerar falhas de software com uma única implementação de software, ou versão. Para o conseguir, o software de versão única pode utilizar técnicas de rollback e rollforward, bem como redundância de tempo e informação. Exemplos de técnicas de versão única incluem detecção de erros, ponto de controlo e reinício, tratamento de excepções, e re-expressão de dados de entrada. Embora as técnicas de versão única, como o tratamento de excepções, não possam recuperar totalmente de erros, podem ser utilizadas para produzir sistemas controlados por falhas.

Em contraste, com técnicas de versões múltiplas, duas ou mais versões de software são executadas sequencialmente ou concomitantemente. Estas versões são criadas utilizando algum tipo de diversidade de design, tais como diferentes equipas de programação ou diferentes algoritmos, a fim de evitar falhas de design. Foram propostas várias estratégias para implementar a tolerância a falhas com software de múltiplas versões, embora a maioria delas utilize os mesmos princípios arquitectónicos utilizados na tolerância a falhas de hardware.

O software de versões múltiplas é em geral muito caro, mas tem sido utilizado em sistemas críticos de segurança, tais como sistemas de controlo de voo, por exemplo Airbus A340 [25], sistemas de transporte, por exemplo Elektra Railway Signaling System [58], e sistemas espaciais, por exemplo NASA Space Shuttle [104]. O grau de utilização da diversidade de design é variável. Um software completamente diverso pode utilizar especificações diferentes para cada equipa de software, enquanto na outra diversidade extrema pode ser implementado por um único programador, utilizando algoritmos diferentes para cada versão de software.

2.8 Estratégias de tolerância a falhas

Esta secção apresenta várias estratégias de tolerância a falhas, tanto para a tolerância a falhas de hardware como de software. Uma estratégia de tolerância a falhas, também denominada técnica ou esquema, é geralmente um padrão de implementação de tolerância a falhas, utilizando um conjunto de mecanismos de detecção de erros, manipulação de erros, manipulação de falhas, redundância e diversidade.

2.8.1 Ponto de controlo e Reinício

A aplicação da técnica Checkpoint and Restart começou com computadores nos finais dos anos 50 [50]. Como a fiabilidade e disponibilidade destes sistemas eram muito baixas, era comum salvar o estado de uma tarefa em armazenamento estável para evitar a perda de todo o trabalho após uma falha do sistema.

Checkpoint and Restart é uma estratégia baseada na recuperação regressiva [93]. Após detectar um erro, um sistema ou componente tenta alcançar um estado anterior livre de erros e depois reinicia o processamento novamente. Os pontos de verificação podem ser tomados periodicamente ou em pontos previamente determinados como, por exemplo, antes de executar alguma operação.

A aplicação de Checkpoint and Restart é eficaz contra falhas transitórias de hardware e falhas elusivas de software porque provavelmente não serão activadas numa segunda execução sob um contexto ligeiramente diferente. Randell [98] afirma o seguinte sobre a utilização de mecanismos de pontos de controlo: "a tolerância a falhas não requer necessariamente o diagnóstico da causa da falha, ou mesmo a decisão se esta surge a partir do hardware ou do software".

Um ponto de controlo pode ser guardado na memória ou em armazenamento estável, e é geralmente descartado após o próximo ponto de controlo ser executado. Outros mecanismos de pontos de recuperação incluem a cache de recuperação e a pista de auditoria. No mecanismo da cache de recuperação, apenas os estados que serão alterados são guardados. Em contraste, nos mecanismos da pista de auditoria, todas as alterações de estado são guardadas.

2.8.2 Blocos de recuperação

A estratégia de Recovery Blocks (RB) [55, 98] é uma extensão da estratégia Checkpoint e Restart para software de múltiplas versões. Nesta técnica, são implementadas duas ou mais variantes de software. A variante de software principal, também chamada alternativa primária, é executada primeiro e depois é realizado um teste de aceitação (AT). O AT é um mecanismo de detecção de erros dependente da aplicação, tal como uma verificação da razoabilidade. Se o teste de aceitação detectar um erro, as versões alternativas são executadas sequencialmente até que uma delas seja bem sucedida. Se todas as variantes falharem, a estratégia do bloco de recuperação termina numa condição de falha, e o erro deve ser tratado utilizando a recuperação avançada.

A implementação geral dos Blocos de Recuperação é mostrada na Figura 2.5. Um ponto de controlo ou outro tipo de ponto de recuperação é tomado antes de se iniciar a execução de alternados. Após a execução de um alternativo, é realizado um teste de aceitação e, em caso de sucesso, o ponto de controlo é descartado e o bloco de recuperação termina normalmente. Se o teste de aceitação falhar, o ponto de controlo é restaurado e um novo alternativo é executado, a menos que não haja suplentes disponíveis, o que representa uma falha.

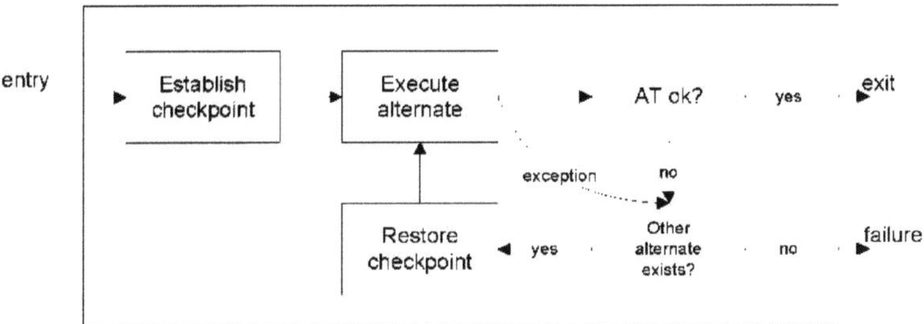

Figura 2.5: Execução RB.

Os Blocos de Recuperação podem opcionalmente utilizar temporizadores de vigilância para estabelecer prazos para a execução das variantes, como forma de detectar um comportamento anormal, tal como loops infinitos. Um temporizador de watchdog pode ser configurado com o tempo de execução do pior caso do alternativo, antes da sua execução. A activação do temporizador watchdog actua como um sinal de excepção para o controlo da execução da estratégia de blocos de recuperação.

Tipicamente, para a alternativa primária é seleccionada a versão de software mais eficaz. Para a segunda ou outras versões alternativas, pode ser fornecida uma funcionalidade degradada, uma vez que se espera que a versão primária funcione correctamente em futuras activações. O grau de diversidade em blocos de recuperação é restrito a diferentes algoritmos, porque cada alternativa é implementada como uma função ou método de classe.

A construção dos Blocos de Recuperação pode ser aninhada. Isto significa que dentro de uma alternativa deveria ser possível iniciar outra RB, e assim vários níveis de blocos de recuperação poderiam estar a funcionar ao mesmo tempo. No entanto, esta característica exige um ponto de controlo mais complexo e uma implementação de controlo.

A maioria das implementações de Blocos de Recuperação tentam tornar automático o mecanismo do ponto de recuperação, como por exemplo a utilização de caches de recuperação, quer em hardware quer em software. As caches de recuperação guardam apenas os dados globais acedidos pelos alternados. No entanto, a fim de restaurar o estado anterior depois de um erro ter sido detectado pelo teste de aceitação, todas as operações tomadas pelo software alternado têm de ser revertidas. Se uma entrada ou saída tiver ocorrido após o último ponto de verificação, como por exemplo, através do envio ou recepção de uma mensagem, esta operação tem de ser revertida. Por conseguinte, a implementação de blocos de recuperação em sistemas concorrentes deve ter em conta a coordenação entre pontos de recuperação em diferentes processos ou nós para evitar inconsistências no sistema e o efeito dominó [98].

O teste de aceitação é único para todos os suplentes e não inclui qualquer tolerância a falhas. Consequentemente, deve ser simples, eficaz e livre de falhas de concepção. Além disso, um teste de aceitação complexo pode introduzir demasiada sobrecarga de tempo de execução.

Uma experiência utilizando a estratégia RB num Sistema de Comando e Controlo Naval mostrou uma cobertura de falhas de mais de 70% [97]. O custo do software tolerante a falhas foi 60% superior ao custo do software original, e o sistema apresentou uma sobrecarga de 40% do tempo de execução. Estes custos aparentemente elevados foram considerados aceitáveis face à melhoria da fiabilidade do sistema.

2.8.3 Blocos de Recuperação Distribuídos

A estratégia dos Blocos de Recuperação não estabelece qualquer procedimento de execução em ambientes distribuídos. A estratégia de blocos de recuperação distribuídos (DRB) [64] combina o conceito de blocos de recuperação com processamento distribuído em nós duplos para fornecer tolerância adicional a falhas de hardware permanentes.

A figura 2.6 mostra um diagrama de blocos de uma estação de computação DRB. Este esquema utiliza dois nós de computação, duas variantes de software (experimentar blocos), e um teste de aceitação comum. Um dos nós funciona como um nó primário e o outro como um nó de sombra.

da estação de computação predecessora

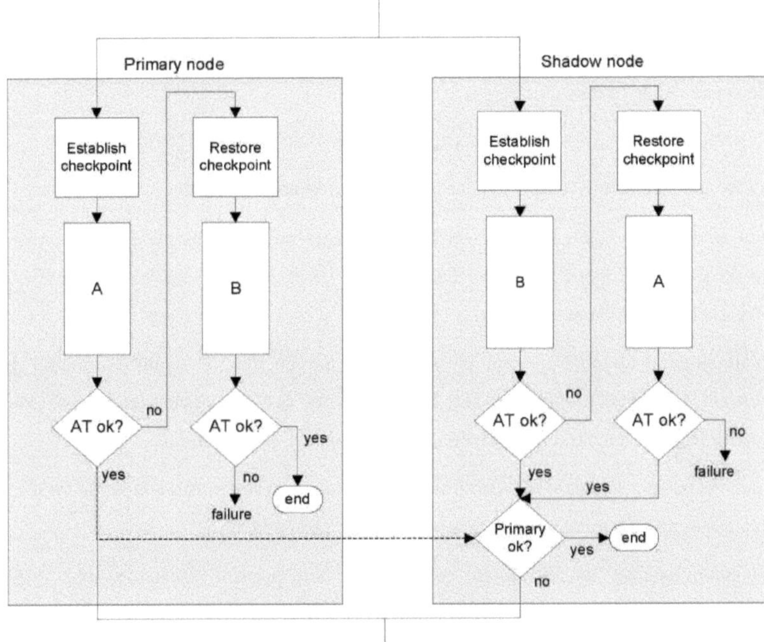

Figura 2.6: Execução DRB.

Em funcionamento normal, apenas o nó primário envia saídas para outras estações informáticas. Os nós actuam num mecanismo bifásico. Na primeira fase, é seleccionada uma entrada para funcionamento, e na segunda fase, é produzida uma saída. A operação do DRB é executada da seguinte forma. Após uma selecção de entrada, os dois nós começam a executar blocos de tentativa diferentes: o nó primário executa o bloco A, enquanto o nó sombra executa o bloco B. Após executar cada bloco de tentativa, é executado um teste de aceitação. Se o nó primário tiver sucesso na tentativa do bloco A, envia uma mensagem ao nó sombra notificando o seu sucesso e depois emite os seus resultados para a estação informática seguinte. No entanto, se o nó primário falhar e o nó sombra passar o seu teste, o nó sombra assume o papel de primário e envia os seus resultados. Se tanto o primário como a sombra falharem no primeiro bloco de tentativa, eles tentam executar o bloco de tentativa restante. Uma execução correcta do segundo bloco de tentativa (A) no nó sombra será um resultado válido. Uma execução correcta do segundo bloco de tentativa (B) no nó primário é necessária para manter a consistência de estado entre os nós.

A estratégia DRB também depende de um mecanismo de ponto de recuperação como a estratégia RB faz, e também pode ter cães de guarda para controlar a execução dos blocos de ensaio. Uma falha no cumprimento do prazo de ensaio de blocos é considerada uma falha num teste de aceitação de tempo.

A estratégia DRB tem as seguintes características úteis principais [66]:

- Fornece um tratamento uniforme para falhas de hardware e software.

- O tempo de recuperação é reduzido porque a concorrência é explorada entre o nó primário e o nó sombra. Contudo, o tempo limite para a detecção de falhas do nó primário pode afectar este tempo de recuperação.

- Em funcionamento normal (sem erros), o aumento do tempo de processamento do nó primário é mínimo porque não tem de esperar por qualquer mensagem do nó sombra, embora tenha de enviar a notificação de sucesso da AT ao nó sombra.

- É rentável porque apenas são necessárias duas variantes de software e a segunda versão pode ser mais simples e fornecer uma funcionalidade degradada.

Os inconvenientes do DRB estão relacionados com a coordenação dos nós. Primeiro, necessita de algum mecanismo para assegurar a consistência dos dados introduzidos, caso contrário os dois nós funcionarão em cálculos diferentes e o seu estado tornar-se-á inconsistente. Segundo, requer a comunicação dos resultados dos testes de aceitação entre o nó primário e o nó sombra. Um atraso na recepção deste resultado faria com que o nó sombra mudasse o seu papel para primário, presumindo que tenha falhado. Se não fosse esse o caso, ambos os nós enviariam os seus resultados e dois nós primários estariam activos. Finalmente, um mecanismo para detectar inconsistências de papel entre nós é necessário para evitar duas primárias ou duas sombras ao mesmo tempo (por exemplo, quando ambos os nós falham nos blocos de tentativa).

A estratégia DRB assume que a rede de comunicação é fiável [66]. As mensagens de valores de falha são negligenciáveis, incorporando esquemas de correcção de erros. No entanto, pode ser necessário reconhecer mensagens por estações de computação sucessoras para assegurar uma comunicação fiável.

Foram propostas algumas extensões à estratégia DRB. O Bloco de Recuperação Distribuída Alargada (EDRB) [51] inclui um posto supervisor para confirmação de falhas de nós e julgamentos errados por nós DRB sobre os seus parceiros. Também define duas redes: uma para a supervisão e outra para a comunicação dos nós de trabalho.

Uma abordagem para alargar a estratégia DRB para a utilização de mais de dois nós e mais de dois blocos de tentativas é descrita em [65]. Esta abordagem chama-se Sombra Recursiva

[66] porque cada nó de sombra adicional faz interface com a estação DRB anterior, que é considerada como primária para a nova configuração.

Um Par de Nós de Processamento de Autocontrolo (PSP) [70] consiste na implementação de uma estação DRB utilizando apenas uma versão de software. Combina a aplicação da estratégia Ponto de Controlo e Reinício com duas unidades de auto-verificação. Esta configuração não tolera falhas sólidas de software.

2.8.4 Programação N-Version

A estratégia de programação N-Version (NVP) [27] combina a utilização da diversidade de concepção de software com a técnica de compensação. É equivalente à redundância estática (por exemplo, TMR) na tolerância do software de hardware. Em NVP, dois ou mais programas funcionalmente equivalentes são executados concomitantemente ou sequencialmente e as suas saídas são comparadas por um mecanismo de decisão implementado por software. Se apenas duas versões forem utilizadas, a comparação de resultados é chamada de correspondência, e só pode detectar erros. Se forem utilizadas mais de duas versões, a comparação de resultados chama-se votação, e os erros podem ser detectados e corrigidos por mascaramento.

NVP inclui uma metodologia para o desenvolvimento de versões de software com um elevado nível de diversidade, baseada numa especificação comum que deve incluir toda a informação necessária para equipas de software independentes [19]. Recomenda a utilização de diferentes algoritmos, linguagens de programação e compiladores. O nível da aplicação NVP pode ser o programa inteiro ou módulos ou funções individuais.

O mecanismo de decisão é o elemento mais crítico da estratégia NVP, uma vez que apenas é fornecida uma única versão. Ao contrário dos eleitores exactos utilizados no hardware, os eleitores NVP têm frequentemente de lidar com valores inexactos, gerados por diferentes algoritmos e linguagens de programação. Além disso, o desenho do votante é específico da aplicação, à semelhança do teste de aceitação em Blocos de Recuperação. Existem vários tipos de eleitores como maioritários, médios, consensuais e dinâmicos [94].

Em comparação com os blocos de recuperação distribuídos, a NVP concorrente tem a vantagem de não requerer mecanismos de pontos de controlo e o teste de aceitação. No entanto, exige mais versões de hardware e software para tolerar o mesmo número de falhas.

2.9 Comunicação tolerante a falhas

Um sistema distribuído tolerante a falhas depende muito das comunicações tolerantes a falhas. As estratégias de tolerância a falhas têm de depender de instalações de rede para fornecer entradas e saídas de e para variantes de software, e para permitir a coordenação na execução da estratégia. Além disso, para sistemas com estado global, a ausência de uma mensagem de entrada levará a uma inconsistência de estado entre as variantes distribuídas.

A fim de obter um sistema de comunicação tolerante a falhas, são utilizados os seguintes métodos [117]:

- Mascaramento espacial - enviar a mesma mensagem através de múltiplas ligações.

- Mascaramento temporal - enviar a mesma mensagem várias vezes.

- Detecção/recuperação - usando reconhecimentos, timeouts e retransmissões.

O método de detecção/recuperação pode utilizar reconhecimentos positivos ou negativos. No método de reconhecimento positivo, se um receptor não enviar um reconhecimento após um intervalo de tempo, a mensagem é retransmitida. Isto pode ser repetido por um número fixo de vezes. No método de reconhecimento negativo, o receptor é responsável por detectar que uma mensagem foi perdida (ou está corrompida) e por pedir a retransmissão. Isto pode ser implementado utilizando números de sequência, ou utilizando uma técnica de disparo do tempo.

A transmissão de mensagens multicast pode utilizar instalações de rede broadcast/multicast, ou mesmo mensagens ponto-a-ponto, onde a mesma mensagem é enviada individualmente a todos os destinatários. Nesse contexto e em relação à resiliência do remetente, a transmissão de mensagens multicast pode ser classificada como [117]:

- Multicast pouco fiável: não é feito qualquer esforço para superar as falhas de ligação.

- Multicast de melhor esforço: o remetente faz algum esforço para entregar a mensagem, tal como a realização de retransmissões, mas se o remetente falhar antes de entregar a mensagem a todos os destinatários não pode ser garantida qualquer fiabilidade.

- Multicast fiável: os participantes coordenam-se para assegurar que a mensagem é entregue a todos os destinatários, desde que seja entregue a pelo menos um destinatário.

Mesmo utilizando instalações de rede de difusão/multicast, o remetente pode falhar antes de a mensagem ser correctamente recebida por todos os receptores. Possíveis razões são o ruído eléctrico ou a falta de espaço tampão no nó de recepção [61]. Contudo, a implementação de multicast fiável envolve várias rondas de comunicação e grande utilização de buffering, a fim de garantir a atomicidade nos piores cenários. Esta alta latência torna este método inadequado para sistemas duros em tempo real. Portanto, muitas arquitecturas em tempo real utilizam a abordagem de melhor esforço, tais como o Protocolo de Disparo por Tempo (TTP) [71] e o Middleware de Apoio a Objectos com Disparo por Tempo (TMOSM) [70].

Para além de uma comunicação fiável, algumas estratégias de tolerância a falhas distribuídas, tais como DRB e NVP, exigem também a consistência dos dados introduzidos. Alguns sistemas de comunicação são capazes de garantir a entrega de mensagens na mesma ordem para todos os receptores. Se não for esse o caso, a estratégia de tolerância a falhas deve incluir um mecanismo de sincronização da entrada de dados.

2.10 Estruturas de software de tolerância a falhas

A fim de reduzir a complexidade do software tolerante a falhas e promover a reutilização de software, foram propostos vários padrões e estruturas orientadas a objectos. Estas estruturas de software traduzem geralmente conceitos de tolerância a falhas como variantes e algoritmos de decisão (também chamados adjudicatários) em classes abstractas que definem interfaces para a implementação de técnicas de tolerância a falhas. Uma abordagem comum é a de separar a funcionalidade de tolerância a falhas do software de aplicação, tornando-o reutilizável. Além disso, o programa de aplicações torna-se um utilizador do software de tolerância a falhas, reduzindo a complexidade do sistema.

Xu, Randel, Rubira-Calsavara e Stroud [119] propuseram uma estrutura orientada para objectos para lidar com a tolerância a falhas de software. Sugeriram a aplicação de componentes idealizados com concepção diversificada utilizando classes para implementar o algoritmo de controlo, as variantes de software e o adjudicador, como mostra o exemplo da Figura 2.7.

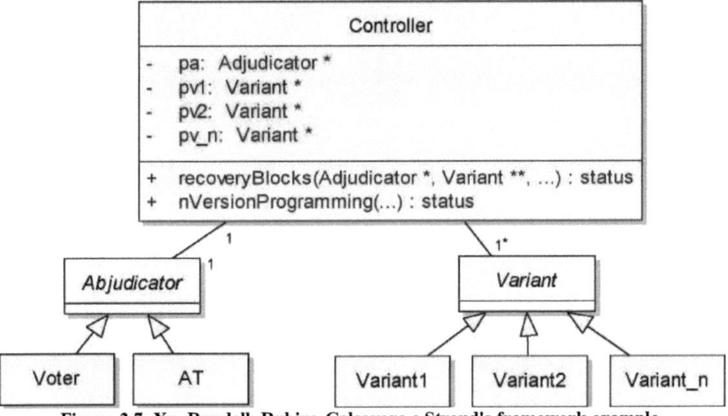

Figura 2.7: Xu, Randell, Rubira-Calsavara e Stroud's framework example.

Cada técnica de tolerância a falhas é implementada por um método da classe *Controlador*, utilizando um *Adjudicador* e vários objectos *Variantes* passados como argumentos pelo programa de aplicação. Nesta arquitectura, a inclusão de uma nova estratégia de tolerância a falhas exige a adição de um novo método à classe *Controlador*. Não há definição sobre como os dados de entrada são passados para as variantes e como os resultados são devolvidos, mas deve ser adoptada uma solução geral, caso contrário, a classe *Controlador* não seria reutilizável. Os adjudicatários especializados podem ser definidos através da derivação das classes *Eleitor* e AT.

As classes de variantes podem alcançar diversidade de desenho utilizando diversos algoritmos e estruturas de dados internos. Isto é designado por redundância de design de nível de classe. No entanto, deve ser previsto algum mecanismo para manter a consistência de estado entre os objectos de *Variante* se estes mantiverem o seu estado entre activações. Soluções menos gerais para a diversidade de variantes incluem redundância de design de nível de objecto, em que os objectos variantes pertencem à mesma classe mas são inicializados com dados ligeiramente diferentes, e redundância de design de nível de operação, em que as classes de variantes têm algoritmos de implementação diversos mas sem dados de classe.

Tso, Shroki, Tai e Dziegiel [115] desenvolveram e implementaram um quadro de componentes de tolerância de software. A figura 2.8 mostra o diagrama de classes para a sua implementação da técnica dos Blocos de Recuperação.

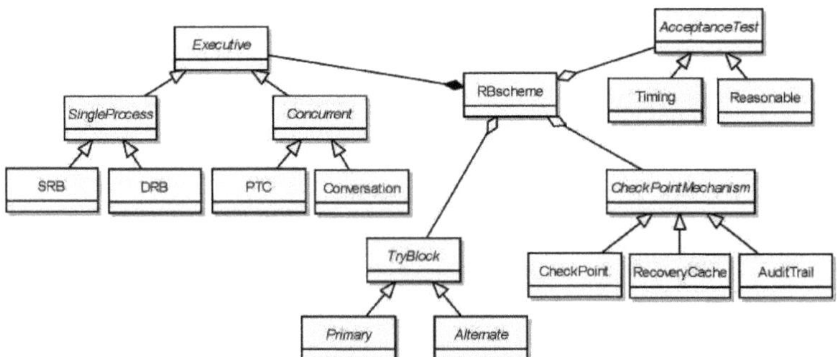

Figura 2.8: Diagrama de classes de Tso, Shokri, Tai e Dziegiel para a técnica RB.

A classe *RBscheme* é responsável pela implementação da técnica dos Blocos de Recuperação. Delega o algoritmo de controlo a um objecto *executivo*, que é especializado por herança para cobrir vários esquemas de execução, utilizando processos únicos e simultâneos. As variantes primárias e alternativas são implementadas como classes derivadas da classe *TryBlock*. *Os* algoritmos de testes de aceitação são definidos por classes que herdam da classe

AcceptanceTest. Os mecanismos de Checkpointing, como caches de recuperação e pistas de auditoria, são implementados por classes derivadas da classe *CheckPointMechanism.*

A principal desvantagem deste quadro, em comparação com Xu et al. quadro, é a definição de uma estrutura de classes diferente para cada esquema de tolerância a falhas. Por exemplo, são adicionadas classes de eleitores para NVP e classes de re-expressão de dados para técnicas de diversidade de dados, tais como a Programação Retry Block e N-Copy [11].

Daniels, Kim e Vouk [35] propuseram o padrão Híbrido Fiável, que visa a concepção de aplicações de tolerância a falhas. O foco deste padrão é o mecanismo de decisão, que pode combinar testes de aceitação e eleitores em estratégias híbridas, tais como Blocos de Recuperação do Consenso [102] e Votação de Aceitação [18]. A Figura 2.9 apresenta a estrutura do padrão Híbrido de Confiança.

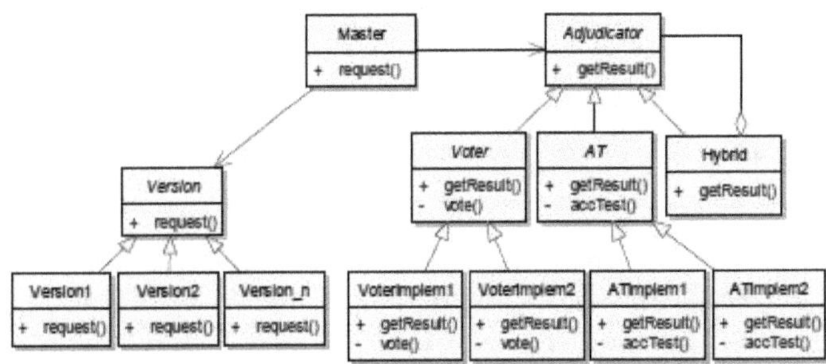

Figura 2.9: Diagrama de classes de padrões

O Padrão Híbrido Confiável tem um diagrama de classes que é semelhante à estrutura de Xu et al. A melhoria está relacionada com o adjudicatário, que inclui a classe *Híbrido* e implementa o padrão Composto [47]. A classe *Mestre* tem uma única associação com um

objecto *Adjudicator*, que pode ser um *Voter,* um *AT* ou um objecto *Híbrido.* A classe *Híbrida* possui uma lista de objectos *Adjudicator (Voters, AT* e outros objectos *Híbridos*) e o seu método *getResult* chama cada objecto *Adjudicator* sequencialmente até ser obtido um resultado bem sucedido.

Neste padrão, a estratégia de tolerância a falhas é executada pela classe *Master*, que chama os vários objectos da *Versão* e envia os seus resultados para o objecto *Adjudicador.* No entanto, nenhum mecanismo específico é concebido para alterar o algoritmo de controlo.

Xu e Randell melhoraram a sua estrutura anterior e publicaram-na como o padrão de Tolerância genérica a falhas de software (GSFT) [121]. Este diagrama de classes de padrões é mostrado na Figura 2.10.

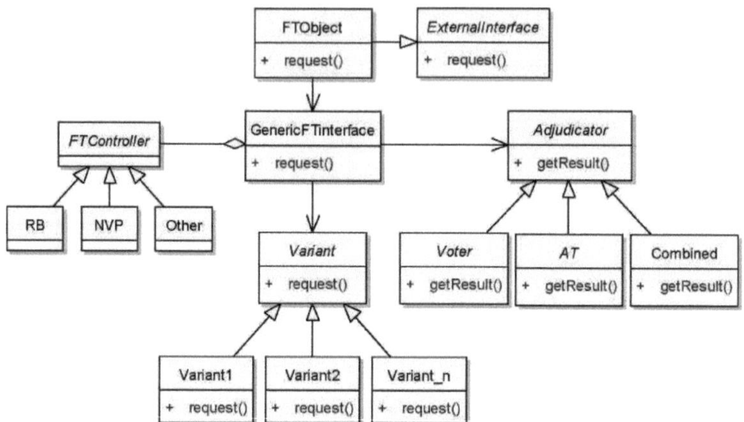

Figura 2.10: O diagrama de classes de padrões genéricos de tolerância a falhas de software.

Uma classe tolerante a falhas *(FTObject)* deve implementar a *Interface Externa* para se conformar com as características de interface de um componente idealizado. A classe *FTObject* passa os pedidos do utilizador para a classe *GenericFTInterface*, que executa efectivamente o processamento tolerante a falhas, utilizando subclasses *FTController* para implementar o algoritmo de controlo. O adjudicatário é implementado de forma semelhante ao Padrão Híbrido Confiável, incluindo uma classe *Combinada* que se comporta como a classe *Híbrida* nesse padrão. A principal diferença deste padrão em relação à estrutura original proposta pelos autores é a inclusão da hierarquia *FTController* que implementa o algoritmo de controlo através da aplicação do padrão de Estratégia [47], à semelhança da estrutura de Tso et al. (Figura 2.8).

O padrão GSFT é, tanto quanto sabemos, o quadro mais abrangente de tolerância a falhas alguma vez apresentado. No entanto, deixa muitas questões por definir. Uma diz respeito à passagem de dados entre variantes, adjudicatários e a aplicação do utilizador.

Outra questão é como implementar este padrão usando processos ou roscas como unidades de tolerância a falhas. No Capítulo 5 propomos um quadro de tolerância a falhas que aborda estas questões.

2.11 Apoio à aplicação de tolerância a falhas

A tolerância a falhas pode ser suportada em diferentes camadas de software, tais como o sistema operativo, o middleware e o nível de aplicação. Esta secção apresenta o trabalho relacionado com a tolerância a falhas no suporte ao nível da aplicação.

2.11.1 FT-RT-Mach e DEOS

O projecto FT-RT-Mach do grupo FORTS da Universidade de Pittsburgh [44] consistiu na implementação de apoio de tolerância a falhas para o RT-Mach, um sistema operacional desenvolvido pela Universidade Carnegie Mellon [110]. O objectivo do projecto é tolerar falhas transitórias por reexecução de fios em caso de detecção de erros sem modificar o Rate Monotonic Scheduling (RMS) original dos fios periódicos, utilizando o algoritmo FTRMS (Fault-Tolerant RMS) [40]. O algoritmo afecta o controlo de admissão de roscas periódicas em tempo real, uma vez que tem em conta o tempo necessário para a recuperação de roscas [37]. Um fio no FT-RT-Mach tem a sua informação de contexto limpa no final de cada execução. É fornecida uma bandeira de falha para cada linha e pode ser definida por manipuladores de excepção ou por linhas de aplicação. Esta bandeira é testada no final de cada execução do fio e pode desencadear mecanismos de recuperação de erros, tais como Checkpoint e Restart ou Blocos de Recuperação. O ponto de verificação no FT-RT-Mach não é fornecido pelo sistema operativo; por conseguinte, deve ser implementado pelos fios da aplicação.

Os mesmos mecanismos utilizados no FT-RT-Mach foram aplicados no sistema operacional DEOS, um sistema operacional de aviónica comercial desenvolvido pela Honeywell [37]. O algoritmo FTRMS e o suporte de tolerância a falhas foram adaptados a este sistema operativo, que apresenta várias diferenças em relação ao FT-RT-Mach. As roscas no DEOS nunca têm a sua informação de contexto limpa, e normalmente funcionam num loop infinito, chamando uma função para se suspender após cada execução. Além disso, as roscas periódicas devem ser harmónicas. Dois fios periódicos são harmónicos se o período maior for um múltiplo inteiro do mais pequeno. O mecanismo do ponto de controlo é executado pelo sistema operativo, definindo e gerindo uma memória de estado de reserva para cada fio. No entanto, a fim de reduzir o tempo e a sobrecarga de memória, o programador da aplicação tem de definir o conjunto de variáveis que são consideradas como informação de estado. Apenas essas variáveis são guardadas pelo sistema operativo.

2.11.2 Delta-4

O Delta-4 [21, 92] foi um projecto de colaboração desenvolvido por uma equipa multinacional de empresas e investigadores académicos. Começou em 1986 e terminou em

1992, visando a definição de uma arquitectura de sistemas distribuídos fiáveis para áreas de sistemas em tempo real, tais como o fabrico de integração informática. O sistema destina-se a ser utilizado em redes locais que comunicam através de passagem de mensagens entre nós. A arquitectura separa cada nó num computador anfitrião e num hardware de comunicação chamado Network Attachment Controller (NAC). Os NACs utilizam hardware incorporado de auto-verificação para serem silenciosos em caso de falha e são capazes de comunicação multiponto fiável utilizando um protocolo atómico multicast. Este protocolo, implementado na camada de ligação de dados do modelo Open System Interconnection (OSI), garante atomicidade e ordenação a todas as mensagens. Como as mensagens podem ser perdidas, utiliza um mecanismo de nova tentativa de mensagem que tolera um número pré-definido de falhas de omissão sucessivas. As réplicas são objectos de aplicação (processos) que podem comunicar utilizando mensagens síncronas (equivalentes à Remote Procedure Call - RPC) ou assíncronas.

Delta-4 apoia as seguintes estratégias tolerantes a falhas:

a) Para tolerância a falhas de hardware:

- Replicação activa.

- Replicação passiva.

- Replicação semi-activa.

b) Para tolerância a falhas de software:

- Blocos de Recuperação.

- Programação N-Version.

Na implementação da replicação activa, pode ser utilizado um mecanismo de votação fornecido pelo sistema para comparar as assinaturas de mensagens e seleccionar a saída correcta. Na NVP, o algoritmo de votação depende da aplicação, uma vez que diferentes versões de software podem encontrar diferentes respostas correctas.

O sistema tem mecanismos de clonagem de uma nova réplica a fim de substituir uma réplica falhada. O mecanismo de clonagem depende de a réplica ser ou não apátrida. As réplicas sem estado requerem apenas uma inicialização padrão, enquanto que as réplicas sem estado requerem alguma forma de aquisição do estado actual de outras réplicas através de uma interface padrão.

Infelizmente, a arquitectura proposta pelo Delta-4 não foi aplicada em muitas aplicações de campo e na área da investigação, provavelmente porque necessita de um hardware especial para o NAC.

2.11.3 TMOSM e ROAFTS

O laboratório DREAM da Universidade da Califórnia - Irvine [38] tem trabalhado na computação em tempo real e de tolerância a falhas em arquitecturas distribuídas orientadas para objectos. O seu trabalho é baseado no esquema de estruturação de objectos activados por tempo (TMO), ou modelo, anteriormente denominado esquema de objectos RTO.k [67]. Neste modelo, um objecto em tempo real tem tanto métodos activados a tempo, que são activados em tempos pré-definidos, como métodos activados por mensagens, que são assíncronos e não bloqueados. Os métodos accionados por mensagens têm menor prioridade e não são autorizados a executar se puderem interferir com os métodos accionados por tempo. Para ambos os tipos de métodos, os prazos podem ser estabelecidos e monitorizados.

A execução de objectos TMO é controlada pelo TMO Support Middleware (TMOSM) [69]. Este middleware foi portado para vários sistemas operativos como Windows NT, Solaris, Windows XP, Windows CE e Linux. O middleware requer sincronização de relógio entre nós e um serviço de relógio do sistema operativo para accionar um tópico de prioridade máxima, chamado Watchdog Timer and Scheduler Thread (WTST). Este tópico é responsável pela programação de outros tópicos de middleware e o conjunto de tópicos que efectivamente executam os métodos de aplicação TMO. O WTST reserva uma fatia de tempo em três para a execução exclusiva de threads de aplicação, enquanto a outra fatia de tempo é programada para threads de middleware. Por exemplo, na implementação do Windows NT descrita em [69], a fatia de tempo é definida para 3 ms e, portanto, uma thread de aplicação é programada para correr livremente durante 3 ms num ciclo de 9 ms. Este mecanismo foi concebido para reservar uma quantidade mínima de utilização de CPU para os threads da aplicação. Além disso, os períodos de tempo não utilizados atribuídos a roscas de middleware são gastos por roscas da aplicação e do sistema operativo. Num estudo de caso de protótipo de defesa observou-se que foram cumpridos prazos de 20 ms durante cerca de 99,9 % do tempo. A falha no cumprimento dos prazos é reputada como uma sobrecarga introduzida pelos fios do sistema operativo que não puderam ser desactivados.

A comunicação entre objectos TMO utiliza o conceito de Canais de Campo de Dados que são canais lógicos multicast baseados em alguma identificação, chamados código de conteúdo. Suporta dois tipos de mensagens: mensagens de estado e mensagens de eventos. As mensagens de estado transportam informação a ser armazenada em locais fixos da memória e as mensagens podem sobrescrever dados antes de serem lidas por algum processo. As mensagens baseadas em eventos são mensagens normais que são armazenadas num buffer após serem recebidas.

A tolerância a falhas foi introduzida por meio do esquema de replicação Primary-Shadow

RTO.k (PSRR) [67], que executa réplicas de objectos TMO usando as técnicas de tolerância a falhas DRB ou PSP. Neste esquema, o nó sombra deve receber várias mensagens do nó primário, tais como o resultado do teste de aceitação e uma confirmação de sucesso de saída. O esquema PSRR evoluiu mais tarde para implementar a tolerância a falhas adaptativas por meio do middleware de Suporte de Tolerância a Falhas Adaptativas orientadas a Objectos em Tempo Real (ROAFTS) [68], que é capaz de alternar entre três modos básicos: DRB/PSP (ou modo redundante paralelo), RB (ou modo de recuperação sequencial para trás) e tratamento de excepções (ou modo de recuperação sequencial para a frente). A decisão sobre a mudança dos modos FT baseia-se na disponibilidade de equipamento, criticalidade e tempo de recuperação. A configuração do middleware inclui serviços de vigilância e reconfiguração da rede, a fim de detectar e confirmar falhas nos nós de trabalho. O ROAFTS foi portado para o sistema operacional Solaris e CORBA, utilizando 100 ms como fatia de tempo e cumprindo prazos de 40 a 100 ms [103]. O desenvolvimento do ROAFTS está ainda em fases iniciais e nenhuma implementação está disponível ao público como ocorre com o TMOSM [38].

2.11.4 Tolerância adaptativa a falhas para naves espaciais

Adaptive Fault Tolerance (AFT) for Spacececraft [52] é um middleware concebido para aplicações espaciais que pode alterar a configuração de tolerância a falhas da aplicação com base na fase de missão, no histórico de falhas e no ambiente. O seu objectivo é cobrir falhas físicas de hardware, condições raras no software e efeitos ambientais invulgares. Baseia-se numa arquitectura de sistema redundante dupla que corre sobre o sistema operativo VxWorks. As tarefas neste sistema são classificadas em críticas e não-críticas, periódicas e aperiódicas. O objectivo do mecanismo de tolerância a falhas adaptativas é fazer corresponder a redundância e o consumo de recursos com as fases da missão e os requisitos de fiabilidade. O sistema funciona num dos 8 modos possíveis, diferindo nas velocidades de processamento dos nós e nas responsabilidades de execução de tarefas críticas e não críticas. Alguns modos envolvem apenas a replicação de tarefas críticas, outros a replicação de todas as tarefas, e outros nenhuma replicação. Para os modos sem replicação, as falhas transitórias podem ser detectadas e toleradas utilizando testes de aceitação e mecanismos de recuperação retroactiva. Os nós replicados utilizam DRB ou uma arquitectura Primary/Backup utilizando a replicação activa. Os modos não replicados utilizam o tratamento de excepções e os Blocos de Recuperação.

A comunicação entre nós utiliza primitivos soquetes TCP ou UDP. As mensagens podem ser enviadas para canais lógicos e multicast. Cada tarefa pode entrar ou sair de um canal de forma dinâmica. Tanto as comunicações fiáveis como as não fiáveis são fornecidas. Para canais lógicos fiáveis, o mecanismo de entrega é baseado no conceito de reconhecimento negativo. Além disso, mensagens de verificação cruzada de períodos circulam entre os processos replicados para assegurar que nenhuma mensagem difundida ou multicast foi perdida.

Em estratégias redundantes, o middleware é responsável por verificar o batimento cardíaco de ambas as réplicas e por assegurar que elas têm um estado consistente. A gestão dos dados replicados mantém dados de estado consistentes (sincronizados) entre os objectos replicados, utilizando várias estratégias, tais como o processamento de entrada com uniformidade (as actualizações de estado associadas às mensagens recebidas são feitas a todos os processos antes de ser gerada uma resposta), o processamento sem uniformidade (é gerada uma resposta sem assegurar que todos os processos tenham actualizado os seus dados de estado) e a actualização periódica (a actualização de estado é enviada pelo processo primário numa base periódica).

O middleware tem um serviço de restauração do estado do nó para reiniciar um nó falhado ou desligar o nó e fornecer a configuração de arranque. A restauração do estado pode ser executada como um único evento ou de forma incremental. O sistema não necessita de sincronização de relógio entre computadores.

2.11.5 CORBA Tolerante a Falhas

A Common Object Request Broker Architecture (CORBA) é um middleware baseado em invocação de método remoto definido pelo Grupo de Gestão de Objectos (OMG) [90]. Oferece transparência em relação à localização de objectos e linguagem de programação em que são implementados, e esconde sistemas operativos, plataformas, redes e detalhes de protocolos de programas de aplicação. A especificação Fault Tolerant CORBA (FT- CORBA) [88] faz parte da arquitectura formal CORBA que visa fornecer suporte de tolerância a falhas para aplicações que requerem um elevado nível de fiabilidade. Os mecanismos de tolerância a falhas fornecidos pelo FT-CORBA baseiam-se na redundância de entidades, ou na replicação de objectos CORBA. Além disso, a especificação define mecanismos para a detecção e recuperação de erros. Os seguintes estilos de replicação são suportados em FT-CORBA:

- **Stateless**: os objectos replicados não mantêm dados de estado e, portanto, não é executado qualquer mecanismo de consistência de estado.

- **Cold Passive Replication**: apenas a réplica primária responde aos pedidos dos clientes. Se a réplica primária falhar, então a réplica de reserva é seleccionada e o estado da primária falhada é carregada a partir de um sistema de registo.

- **Replicação Passiva Quente**: semelhante à Replicação Passiva Fria, mas o estado do primário é transferido periodicamente para as réplicas de reserva durante o funcionamento normal. Este tipo de recuperação proporciona uma recuperação mais rápida do que a Replicação Passiva a Frio.

- **Replicação activa**: todas as réplicas executam o pedido simultaneamente, mas apenas uma resposta é enviada ao cliente. As mensagens duplicadas são automaticamente descartadas pela infra-estrutura. Este mecanismo proporciona uma recuperação mais rápida de falhas, mas requer determinismo de réplicas e entrega total de mensagens de pedido para manter a consistência de estado entre réplicas.

- **Replicação Activa com Votação**: é uma extensão planeada à especificação existente e acrescenta um mecanismo de votação por maioria exacta antes de enviar uma resposta ao cliente.

A presente especificação FT-CORBA fornece apenas tolerância a falhas de crash. Os objectos defeituosos devem parar de funcionar sem gerar resultados incorrectos. Os mecanismos de detecção de falhas suportados por FT-CORBA baseiam-se apenas em batimentos cardíacos e timeouts. A implementação do FT-CORBA exige a utilização de objectos que funcionam como Gestores de Replicação, Detectores de Falhas e Notificadores de Falhas. A criação e gestão de objectos e grupos de objectos pode ser implementada pela infra-estrutura FT-CORBA ou pelo programa de aplicação.

A aplicação do FT-CORBA no sistema em tempo real é limitada porque pode passar um tempo imprevisível a detectar falhas e a recuperar das mesmas [48]. Na Replicação Passiva, o tempo de recuperação necessário para mudar para uma réplica de reserva pode ser inaceitável para uma aplicação em tempo real e, quando se utiliza a Replicação Activa, pode-se gastar demasiado tempo a fornecer multicast totalmente encomendado e fiável. A especificação CORBA em Tempo Real [89] visa sistemas com requisitos em tempo real, mas esta especificação não é compatível com FT-CORBA [48, 85].

Vários projectos visavam a implementação de tolerância a falhas em CORBA, tais como Aqua [99], DOORS [86] e MEAD [85].

2.12 Resumo

A tolerância a falhas é um meio de alcançar uma elevada fiabilidade para sistemas críticos, de longa duração e de alta disponibilidade. Apesar dos esforços para prevenir e remover falhas no desenvolvimento de sistemas, a aplicação de tolerância a falhas é normalmente necessária porque o hardware pode falhar durante o funcionamento do sistema e o software raramente está livre de falhas.

A implementação da tolerância a falhas envolve a aplicação da detecção de erros e a recuperação do sistema. A recuperação do sistema visa eliminar o erro do estado do sistema e, adicionalmente, pode diagnosticar a falha e evitar que esta seja novamente activada. A implementação da tolerância a falhas depende da redundância, da utilização de recursos adicionais, e na diversidade da concepção, a fim de tolerar falhas de concepção.

Foram descritas várias técnicas de tolerância a falhas, tanto para a tolerância a falhas de hardware como de software, utilizando software de versão única ou múltipla. A ênfase foi a de apresentar estratégias FT que são aplicadas neste trabalho, tais como RB, DRB e NVP. Foram também introduzidos conceitos de comunicação tolerante a falhas.

Foram apresentados os trabalhos relacionados com as estruturas de software para a tolerância a falhas. Isto inclui estruturas e padrões de concepção propostos pela comunidade de investigação, a fim de reduzir a complexidade do software tolerante a falhas e promover a reutilização de software.

Finalmente, foi apresentado o trabalho relacionado com o apoio à tolerância a falhas ao nível da aplicação. Alguns trabalhos introduzem o suporte de tolerância a falhas pelo sistema operativo, por exemplo, FT-RT-Mach, enquanto outros pelo middleware, tais como ROAFTS e FT-CORBA.

Capítulo 3

Programação orientada para os pontos de vista

A Aspect-Oriented Programming (AOP) é uma nova técnica de programação que visa a modularização de preocupações transversais. Este capítulo introduz os principais conceitos relacionados com o AOP, descreve a extensão da linguagem AspectC++ e apresenta o trabalho relacionado com a aplicação do AOP em sistemas operacionais, middleware e sistemas tolerantes a falhas.

3.1 Separação de preocupações

A separação das preocupações é um conceito que tem sido aplicado na engenharia de software há muito tempo [36, 91] e envolve a divisão da aplicação de software em pequenas funcionalidades ou preocupações. A separação das preocupações leva ao desenvolvimento de sistemas em módulos que poderiam ser desenvolvidos de forma amplamente independente uns dos outros, reduzindo a complexidade do sistema e melhorando a sua reusabilidade. A utilização da programação processual é o passo inicial para a separação das preocupações. Mais tarde, o conceito de ocultação de informação foi introduzido e contribuiu para a Programação Orientada para Objectos (OOP) como um novo mecanismo de separação de preocupações.

A falta de separação de preocupações num sistema pode ser detectada através da inspecção do seu código fonte e da procura da existência de confusão de códigos e de dispersão de códigos. O enredamento de códigos acontece quando um módulo lida com múltiplas preocupações. Por exemplo, o mesmo código-fonte pode estar a lidar com lógica empresarial, persistência e preocupações de distribuição. A dispersão de código acontece quando uma preocupação é espalhada em múltiplos módulos. A Figura 3.1 mostra exemplos de confusão de códigos e

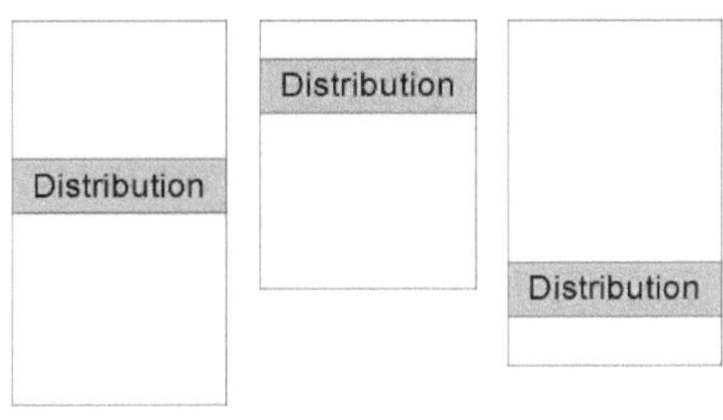

b) Dispersão

Figura 3.1: Entrelaçamento de códigos e dispersão de códigos.

dispersão de códigos.

| Distribuição lógica empresarial |
| Lógica empresarial Persistência |
| Lógica empresarial |

| Distribuição |
| Persistência |

Algumas preocupações são muito difíceis de separar de outras. A implementação destas preocupações está frequentemente emaranhado com outras preocupações e está dispersa por todo o código. Por conseguinte, são chamadas preocupações transversais. Exemplos de preocupações transversais são a distribuição, a tolerância a falhas e a segurança. As preocupações transversais são também chamadas de não funcionais, por oposição às preocupações funcionais que implementam a principal funcionalidade do sistema.

Foram propostos novos mecanismos para proporcionar uma separação avançada das preocupações. O trabalho em [56] identifica e analisa alguns mecanismos de modularização de preocupações transversais, tais como a Programação Meta-nível [77] e os Filtros de Composição [8].

3.1.1 Programação Meta-nível

A Programação a Meta-nível baseia-se em protocolos de meta-objecto (MOP), que permitem a modificação da semântica da linguagem e a sua implementação. Os protocolos de meta-objecto são a interface entre o programa de nível de base e o programa de meta-modelo. Ao interceptar a activação de métodos no programa de nível de base, os meta-objectos têm a oportunidade de executar outras preocupações. No entanto, não existe um mecanismo especial para separar as preocupações transversais umas das outras. Um exemplo de MOP para a linguagem de programação C++ é o OpenC++ [28]. No OpenC++, a árvore de sintaxe completa é visível no meta-nível e as transformações arbitrárias são suportadas.

O trabalho em [120] avaliou o OpenC++ para implementar técnicas de tolerância a falhas de software, tais como RB e NVP, numa aplicação de classificação distribuída. Concluíram que a abordagem de meta-objecto proporciona uma interface mais limpa e simples com as aplicações, em comparação com as implementações padrão orientadas para objectos. Além disso, mediram um factor de sobrecarga de cerca de dois entre a chamada de uma operação OpenC++ e a chamada de uma operação C++, mas esta sobrecarga foi considerada pequena em comparação com a sobrecarga imposta pelo mecanismo de tolerância a falhas.

3.1.2 Filtros de Composição

Os Filtros de Composição estendem a programação orientada para objectos, acrescentando classes de filtros. As mensagens entre objectos são processadas por filtros tanto antes como depois da execução normal do método. Mais do que um filtro pode ser aplicado a uma única mensagem. A separação das preocupações é alcançada através da definição de uma classe de filtro para cada preocupação transversal. Ainda não foi relatado qualquer trabalho de investigação relativo à aplicação de filtros de Composição à tolerância a falhas. O grupo TRESE na Universidade de Twente [114] tem disponíveis implementações de filtros de Composição para C# e Java.

3.1.3 Programação orientada para os pontos de vista

A Aspect-Oriented Programming é uma técnica de programação proposta em [62]. No AOP, os componentes são definidos como propriedades de um sistema, para o qual a implementação pode ser cuidadosamente encapsulada. Em contraste, os aspectos são propriedades para as quais a implementação não pode ser encerrada de forma limpa, num procedimento generalizado. Aspectos e componentes cruzam-se na implementação de um sistema. O objectivo do AOP é apoiar o programador na separação limpa de componentes e aspectos uns dos outros, fornecendo mecanismos que permitam abstrair e compor para produzir o sistema global.

O processo de composição de componentes e aspectos é realizado pelo **tecelão de aspecto**. Essencial para a operação de tecelagem é o conceito de **pontos de união**, que são os elementos da estrutura estática ou comportamento dinâmico dos componentes com os quais os programas de aspecto são capazes de coordenar. Os pontos de junção podem ser chamadas de método, acessos variáveis ou qualquer outro ponto na execução de um programa onde o comportamento adicional pode ser anexado. O tipo de pontos de junção permitidos para uma dada implementação do AOP define o seu modelo de pontos de junção. O comportamento introduzido num ponto de junção é denominado **conselho**. Um **ponto** define um conjunto de pontos de junção.

Uma diferença entre as abordagens AOP e outras abordagens de separação de preocupações é a definição de diferentes mecanismos de abstracção e composição de componentes e aspectos [62]. O trabalho em [42] propõe que as propriedades distintivas do DOP são a **quantificação** e o **esquecimento**. A quantificação é a capacidade de escrever declarações unitárias e separadas que têm efeito em muitos lugares não-locais num sistema de programação. Um mecanismo de quantificação permite alcançar vários pontos de união do código com uma declaração declarativa. O esquecimento significa que o código componente não precisa de ser preparado ou consciente do comportamento adicional introduzido por aspectos. Portanto, os programadores no lado dos componentes (ou código base) não têm de despender quaisquer esforços adicionais para fazer funcionar os mecanismos do POA.

Uma outra definição de AOP foi apresentada em [42]:

"No programa **P**, sempre que surgir a condição **C**, executar a acção **A"**.

Nesta definição, o programa P representa o código componente base. A condição C é definida por um ponto no código de aspecto, e a acção A é o conselho executado nos pontos de junção. A condição definida por C pode ser avaliada em tempo de compilação com base na estrutura estática do código de base (por exemplo, execução do método) ou em tempo de execução, com base no comportamento dinâmico do programa (por exemplo, chamadas ao método X no contexto de execução do método Y). Um único aspecto define geralmente um conjunto de pares (C, A).

A maioria das críticas contra o AOP está relacionada com a propriedade do esquecimento. O código base pode evoluir e os pontos de união originais utilizados pelos aspectos podem ser modificados. Assim, os aspectos podem falhar os pontos de junção desejados ou capturar pontos de junção não desejados. Este problema tem sido chamado o AOSD (Aspect-Oriented Software Development) Evolution Paradox [112]. A inexistência de uma interface explícita entre o código base e o código de aspecto compromete a evolução independente do código base. Por outro lado, a utilização de interfaces explícitas no código de base (por exemplo, anotações) reintroduz a dispersão que o AOP deveria evitar [107]. Apesar deste e de outros inconvenientes [34, 84], a aceitação do AOP pelos investigadores da academia e da indústria é elevada, possivelmente porque o AOP é muito poderoso e pode resolver problemas reais relacionados com preocupações transversais.

A mesma equipa que propôs o AOP desenvolveu a sua primeira e mais popular implementação até à data: a AspectJ [17]. As duas implementações existentes do PAA para C++ são AspectC++ [16] e XWeaver [122]. A implementação de AspectC+++ foi aplicada neste trabalho, e será descrita na próxima secção.

3.2 AspectC++

AspectC+++ é uma extensão de linguagem orientada para o aspecto geral a C++ [16] [106]

[106]. Tem sido fortemente influenciado pelo modelo linguístico AspectJ, mas suporta conceitos adicionais que são exclusivos do domínio C++. Um objectivo principal da concepção de AspectC++ era manter o baixo tempo de execução da linguagem de programação C++, visando a sua aplicação em ambientes com recursos limitados, tais como sistemas incorporados.

3.2.1 Tecelagem

A tecelagem AspectC++ compõe o código base C++ e o código do aspecto numa transformação de fonte para fonte, como mostrado na Figura 3.2. Após o processo de tecelagem, o código fonte resultante pode ser compilado por qualquer compilador C++.

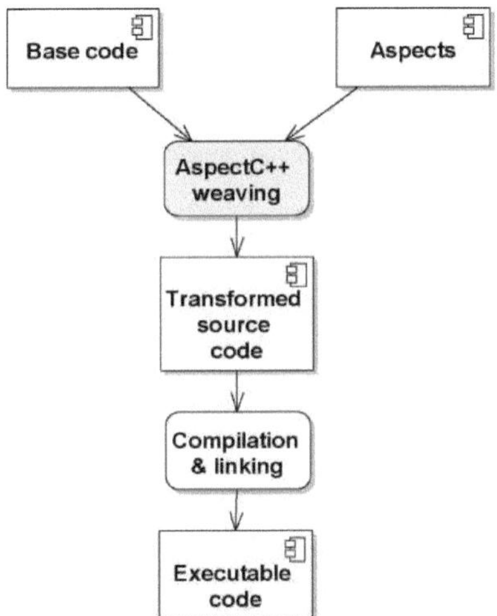

Figura 3.2: Processo de tecelagem da AspectC++.

Estão disponíveis dois modos de tecelagem: Transformação de Programa Inteiro (WPT) e Unidade de Tradução Única (STU). WPT transforma todos os ficheiros (ficheiros de cabeçalho e unidades de tradução) na árvore de directórios do projecto e guarda-os numa nova árvore de directórios. O código do aspecto, normalmente utilizando a extensão de ficheiro ".ah", é também transformado e guardado na nova árvore de directórios. No modo STU, o tecelão transforma um ficheiro de cada vez, facilitando a integração do tecelão com *makefiles* e desenvolvimento integrado.

Ambientes (IDE). Neste modo, todas as directivas de ficheiros de cabeçalho são expandidas e guardadas juntamente com a unidade de tradução transformada.

3.2.2 Pontos de junção, pontos e conselhos

Os seguintes tipos de conselhos são apoiados na AspectC++:

- Conselhos de código: definir um cálculo que pode ser executado **antes, depois** ou **em torno de** (em vez de) um determinado ponto de junção.

- Apresentações: definir novos atributos, métodos e classes-mãe para as classes existentes.

- Definições de ordem: estabelecer a ordem de aplicação entre aspectos.

Dois tipos de pontos de junção são suportados no AspectC++: pontos de junção de nome e pontos de junção de código. Os **pontos de junção de nome** (ou pontos de junção estáticos) são denominados instâncias na estrutura estática do programa, tais como um nome de classe, nome de função ou espaço de nomes. Os pontos de **união de código** (ou pontos de união dinâmicos) representam eventos que acontecem durante a execução do programa, tais como a chamada ou execução de uma função. Os pontos de junção de código resultam da aplicação de **funções de pontos** para nomear pontos de junção. Existem quatro tipos básicos de pontos de junção de códigos: chamada, execução, construção e destruição. Os pontos de chamada e os pontos de junção de execução estão relacionados com os métodos; a construção e as destruições os pontos de junção estão relacionados com as classes.

A Figura 3.3 apresenta um programa de exemplo muito simples utilizando AspectC++ concebido para depurar algumas activações do método no código base. Neste programa, o aspecto *DebugClasses* contém um ponto *(debug}* e um conselho de código (a *antes do* conselho). O ponto debug é definido por uma **expressão de ponto debug** que combina uma função de ponto de *execução* com uma função de ponto de *chamada* utilizando a operação algébrica "ou". A função de ponto de *execução* seleccionará os pontos de junção relacionados com a execução de todos os métodos da ClassA. Se, por exemplo, esta classe tiver três métodos, então serão seleccionados três pontos de junção. A função de ponto de *chamada* seleccionará os pontos de junção relacionados com a chamada dos métodos de ClassB cujos nomes começam com a cadeia "set". Se, por exemplo, ClassB tiver apenas um método que corresponda a esta expressão, o número de pontos de junção seleccionados dependerá de quantos lugares este método é chamado em todo o código da aplicação. O conselho *anterior* definido em *DebugClasses* será sempre executado antes dos pontos de junção seleccionados. Neste caso, o código do conselho apenas imprime a assinatura do método (por exemplo, "void ClassA::methodA(int,short int)"), fornecido pela AspectC++.

```
aspecto DebugClasses {

pointtcut debug() = execução("ClassA") ||| call("%
                    ClassB::set%(...)");

debug() : antes() {
  printf("debug:antes de %s \n", JoinPoint::signature() ) ;
 }
};
```

Figura 3.3: Exemplo do programa AspectC++.

Para além da função de quatro pontos previamente discutida, são fornecidas outras funções de pontos para filtrar ou seleccionar pontos de junção com propriedades específicas. Um resumo das funções de pontos AspectC++ é apresentado na Tabela 3.1.°.

Quadro 3.1: AspectC++ funções de corte de pontos.

Função pontilhada	Tipo	Aplicação
chamada(ponto)	função	Selecciona as chamadas para funções descritas pelo parâmetro do ponto.
execução(ponto)	função	Selecciona as implementações de funções descritas pelo parâmetro do ponto.
construção(ponto)	classe	Selecciona as implementações de construção de classes descritas pelo parâmetro do ponto.
destructor(ponto)	classe	Selecciona implementações de destruição de classes descritas pelo parâmetro de ponto.
dentro de (ponto)	âmbito	Filtra todos os pontos de união que se encontram dentro das funções ou classes no ponto.
cflow(ponto)	fluxo de ctrl	Filtros todos os pontos de união dentro do contexto dinâmico dos pontos de união no ponto.
base(ponto)	tipo	Devolve todas as classes de base de classes definidas pelo ponto.
derivado(ponto)	tipo	Devolve todas as classes no ponto e todas as classes derivadas das mesmas.
que(padrão de tipo)	contexto	Devolve todos os pontos de união onde o C+++ **este** ponteiro está relacionado com o padrão de tipo.
alvo(padrão de tipo)	contexto	Devolve todos os pontos de junção onde o objecto alvo de uma chamada está relacionado com o
resultado(padrão de tipo)	contexto	Devolve todos os pontos de junção onde o resultado objecto de uma chamada/execução está relacionado
args(padrão de tipo,...)	contexto	Devolve todos os pontos conjuntos que correspondem à assinatura do argumento

Na Tabela 3.1 podemos ver que, para além das funções de ponto normais relacionadas com funções e construção/destruição de classes, existem outras relacionadas com âmbito, fluxo de controlo dinâmico, tipos de base e derivados e correspondência de contexto. Os padrões de tipo definidos como parâmetros das funções de ponto, *alvo, resultado* e *args* podem ser utilizados para transmitir informação de contexto a conselhos de código.

Tal como as classes C++, os aspectos podem ter membros de dados, construtores e funções de membros, e derivar de classes ou de outros aspectos. Os pontos podem ser definidos como virtuais ou puramente virtuais, o que permite a sua redefinição em aspectos derivados. Os aspectos que contêm funções de membros puramente virtuais ou apontadores puramente virtuais são chamados **aspectos abstractos**. Um aspecto que herda de um aspecto abstracto e define todas as funções de membros virtuais pendentes e pontos virtuais é chamado de **aspecto concreto**. Aspectos podem herdar apenas de classes C++ comuns e aspectos abstractos.

3.2.3 A API do JoinPoint

O aspecto tecelão cria uma classe única para cada ponto de junção afectado por um conselho de código que necessita de informação de contexto. Esta classe chama-se **estrutura JoinPoint** ou **JoinPoint API** e fornece a informação de contexto aos conselhos de código, tais como tipos e valores de parâmetros de método, e tipo e valor de retorno de método. Também fornece informação de contexto sobre os objectos de chamada e alvo, e outras informações úteis como a assinatura do método e o número de argumentos. Para cada ponto de junção afectado, apenas a informação de contexto necessária está incluída na estrutura do JoinPoint. Esta característica é muito importante para manter um baixo espaço de memória nos sistemas incorporados.

Se for necessária informação de contexto, é criado um objecto da estrutura JoinPoint em cada ponto de junção afectado, e um ponteiro para este objecto (o ponteiro **tjp**) é passado para uma função de modelo em linha que também recebe a estrutura JoinPoint como um argumento de modelo (o tipo **JoinPoint**). Esta função inline chamará o conselho do código real, implementado como um método modelo de uma classe que representa o aspecto a que pertence. Em resumo, cada aspecto será transformado numa classe C++ e cada conselho de código relacionado com este aspecto será transformado numa função de membro modelo. As funções de membro da classe de aspecto serão chamadas pelo código inserido nos pontos de junção afectados, que passará um ponteiro para uma estrutura única de JoinPoint com a informação do contexto. Cada aspecto não abstracto (concreto) resulta num objecto de um único botão.

Um exemplo de como o AspectC++ tece é mostrado na Figura 3.4. Esta figura apresenta como o código fonte se assemelha se um *antes do* conselho for aplicado num ponto de junção de execução. O código fonte foi simplificado e os métodos/classes criados pela AspectC++ foram renomeados e encurtados.

```
// -------código base após tecelagem

estrutura TJP XYZ {
  //.. .
    inline static const const *signature () {
          devolver "void ClassA::methodA(int,short int)";
```

```
    }
};

vazio ClassA::methodA ( int arg0, short arg1 ){
  TJP XYZ jp;
  //.... aqui o objecto jp é inicializado

  AC::invocar myAspect ABC<TJPXYZ>    (& jp);

  isto-> _ exec_old_methodA(arg0, arg1);
}

inline void ClassA::_ exec_old_methodA(int aa,short int zz){
  // método originalA implementação
J
// --------- código de aspecto após tecelagem

classe myAspect {
público:
  estática myAspect *aspectof () {
    myAspect estático __instância;
    devolução &__instância;
  }

  template<class JoinPoint> void ADVICE_1(JoinPoint *tjp){
    // código de aconselhamento
    // aqui são vistos o tipo JoinPoint e o ponteiro tjp.
  }
};

namespace AC {
modelo <classe JoinPoint>
      vazio em    invocar myAspect ABC (JoinPoint
          ::myAspec ::aspectof()->ADVICE_1(tjp);
}
```

Figura 3.4: Exemplo de transformação do código fonte por AspectC++.

A parte superior da figura 3.4 apresenta o código base após a tecelagem. A estrutura do JoinPoint *TJP_XYP* é declarada mais próxima da implementação do método afectado *(métodoA)*. Um objecto deste tipo é criado dentro do *métodoA* e os seus campos de dados são inicializados, se existirem. Depois, o conselho *anterior* é chamado, utilizando uma função de modelo em linha *invoca o myAspect ABC*. Após retornar do código de aconselhamento, a implementação original do *methodA* é chamada, agora renomeada pelo tecelão para *_execoldmethodA*.

O código do aspecto após a tecelagem, mostrado na parte inferior da Figura 3.4, contém a definição da função do modelo em linha chamada pelo *métodoA*. Esta função redirecciona a chamada para *ADVICE1*, um método modelo da classe de aspecto *(myAspecf)*, onde se encontra o código de aconselhamento.

A AspectC+++ não é capaz de aconselhar o acesso dos membros aos dados como a AspectJ faz utilizando as funções *get* and *set* pointcut. Esta decisão de concepção foi tomada devido à possibilidade de aceder a variáveis com apontadores em C++, que não podem ser capturadas como ponto de junção pelo tecelão de aspecto. Contudo, uma extensão de AspectC++ descrita em [78] oferece esta funcionalidade, mas sem considerar os acessos com ponteiro. Outra funcionalidade não implementada de AspectC++ é a tecelagem de modelos. A tecelagem é capaz de analisar modelos C++, mas a tecelagem é restrita a código não-modelo. Contudo, o apoio à tecelagem de modelos está planeado para futuras versões.

3.2.4 Desempenho e pegada de memória

O trabalho em [74] apresenta uma série de micro-benchmarks para as principais características da AspectC++, com base no tempo de CPU consumido (ciclos de relógio), e memória (código/dados e pilha), num computador Pentium 3 usando o compilador GNU g++ 3.3.5. O trabalho em [106] estende a mesma experiência para o compilador Intel C++ icc 9.0. Os resultados mostram que os conselhos de código (antes, depois ou por volta) aplicados a funções sem parâmetros têm um tempo de execução muito pequeno (apenas 2 ciclos) e nenhum consumo extra de memória. Considerando funções com parâmetros e a aplicação do ponteiro *JointPoint* (tjp), há um aumento no consumo de pilha para o ponteiro *tjp* e os parâmetros da função. No entanto, o tempo de execução para recuperar o contexto específico do ponto de junção é bastante baixo (0 a 6 ciclos). As despesas gerais para funções dinâmicas de ponto de junção como *cflow, isso* e *alvo* (ver Tabela 3.1) são relativamente altas (6 a 10 ciclos), uma vez que requerem o teste das condições de tempo de execução. Também consomem mais memória, com um máximo de 50 bytes no pior cenário. Todos os dados gerais aqui apresentados foram obtidos utilizando a optimização do compilador. Os mesmos casos de teste sem optimização do compilador conduzem a resultados muito piores.

Outro trabalho relativo ao desempenho e custo da AspectC++ é apresentado em [75]. Este documento relata uma experiência comparando três implementações diferentes de uma linha de produtos de software incorporado numa estação meteorológica: com base em C, OOP e AOP. Os resultados mostram que a versão OOP requer significativamente mais espaço de memória do que a sua contraparte AOP (até 138% mais), e que a AOP requer, no máximo, 10% mais espaço de memória do que a versão C. Além disso, o desempenho do AOP em tempo de execução foi o mesmo que o da versão C, enquanto que a versão OOP em sobrecarga foi entre 4 e 6,6%.

3.3 AOP para o sistema operativo

Coady et al. [29] relataram a aplicação do AOP no kernel do sistema operacional FreeBSD para modular a pré-instalação de ficheiros cartografados de memória virtual. A implementação do mecanismo de pré-busca foi distribuída em várias funções por três camadas diferentes do código do sistema operativo. Depois de refactoring, os modos de pré-busca foram implementados por aspectos únicos, utilizando AspectC, um subconjunto da linguagem AspectJ para a linguagem C, desenvolvido pelos autores na Universidade de British Columbia. A solução AOP apresentou várias vantagens sobre a implementação emaranhada, tais como configurabilidade, desenvolvimento independente e melhor compreensibilidade. Num trabalho de seguimento [30], os autores implementaram outras preocupações transversais no código FreeBSD, tais como o despertar da página, a gestão de quotas de disco e o bloqueio de dispositivos, analisando a evolutividade das implementações AOP em várias versões de SO. Concluíram que o AOP traz vários benefícios, tais como a capacidade de alteração localizada e a configurabilidade explícita. Infelizmente, a tecelagem AspectC não foi oficialmente lançada.

PURE é um sistema operativo orientado para objectos (C++) concebido para aplicações incorporadas pela Universidade de Magdeburg [23]. Foram relatados vários trabalhos relativos à separação de preocupações transversais no PURE, utilizando AspectC++. Mahrenholz et al. [80] descreveram como aspectos podem ser tecidos com o núcleo do sistema operativo para monitorização de comutadores de tarefas. O trabalho em [79] apresentou a implementação da estratégia de sincronização de interrupção em PURE, utilizando o AOP. A mesma preocupação foi implementada no sucessor de PURE, denominado CiAO [73], tal como descrito em [76]. Neste trabalho, várias estratégias de sincronização de interrupção (por exemplo, sincronização dura e sincronização de duas fases) foram implementadas por aspectos e puderam ser seleccionadas em tempo de compilação. A aplicação de mecanismos de exclusão mútua em componentes PURE utilizando o AOP foi descrita em [105].

Uma análise quantitativa da aplicação do AOP no sistema operativo ECOS [39] é relatada por Lohmann et al. [74]. Neste trabalho, o núcleo ECOS foi refacturado para implementar como aspectos as seguintes preocupações transversais: rastreio, sincronização de interrupções e instrumentação do núcleo. Além disso, a implementação de opções de configuração no sistema operativo foi alterada da compilação condicional (ifdefs) para mecanismos orientados para o espectro. Cada opção de configuração foi encapsulada num único aspecto que aplica introduções ou conselhos de código para implementar a funcionalidade opcional. A versão AOP do SO mostrou, em média, um tamanho de código 0,9% superior e um desempenho 1% melhor.

Os autores concluem que a aplicação do AOP (utilizando AspectC++) para a modularização de preocupações transversais e a implementação de opções de configuração em sistemas operativos não induz despesas gerais intrínsecas.

No Capítulo 6, descrevemos a utilização do AOP para implementar mecanismos de tolerância a falhas, tais como asserções executáveis a nível do sistema operativo

3.4 AOP para o middleware

Zhang e Jacobson [124] estudaram o grau de separação de preocupações na implementação interna das plataformas de middleware CORBA e as vantagens do AOP na refactoring destes sistemas. Desenvolveram uma metodologia de mineração de aspectos apoiada por uma ferramenta de software, e relataram várias novas preocupações às plataformas escolhidas (JacOrb, ORBacus e OpenOrb), como a interface de programação dinâmica e o apoio a interceptores portáteis. Mediram também o grau de dispersão relacionado com preocupações normais como o registo, sincronização, tratamento de excepções e verificação pré/pós-condição. Além disso, reimplementaram algumas preocupações no middleware ORBacus utilizando AspectJ e aplicaram um conjunto de métricas à implementação original e à refacturada. Concluíram que o AOP reduz a complexidade da arquitectura de middleware, aumenta a modularidade, mantém o desempenho, e permite um nível mais elevado de adaptabilidade e configurabilidade, que é necessário para personalizar plataformas para domínios particulares, tais como sistemas em tempo real, incorporados, e tolerantes a falhas.

A aplicação do AOP a uma linha de produtos de middleware de grande escala foi relatada por Colyer e Clement [31, 32]. Neste trabalho, um middleware comercial da IBM com mais de um milhão de linhas de código e centenas de programadores teve várias das suas preocupações refacturadas utilizando AspecJ, como rastreio/logging, tratamento de excepções e monitorização do desempenho. A abordagem geral foi desenvolver um único aspecto abstracto para cada uma destas preocupações, definindo uma política comum (quando e como), e vários aspectos concretos para definir o âmbito de aplicação (onde). Esta abordagem altera a forma como a equipa política trabalha: em vez de entregar documentos políticos, podem implementar a política escrevendo os aspectos abstractos. Como consequência, o cumprimento da política é mais preciso e qualquer evolução da política pode ser implementada com menos esforços.

Colyer e Clemente [32] também relataram uma experiência com o AOP numa aplicação que utiliza extensivamente um suporte de middleware. Modificaram um software de servidor de aplicação a fim de separar a utilização de Enterprise Java Beans (EJB) do resto da aplicação.

Este problema só poderia ser resolvido por aspectos heterogéneos que tivessem impacto em múltiplos locais, mas com comportamentos diferentes em cada um desses locais. O código base foi refacturado pela remoção do código relacionado com a EJB e pela criação de métodos de gancho que serão afectados pelos conselhos. O software de servidor de aplicações tecido apresentou melhorias significativas no tempo de arranque e na pegada de memória. O principal problema é que o código de aspecto é muito dependente do código base e não pode ser reutilizado em outros projectos. No entanto, a refactoring simplifica o código base e permite seleccionar ou não o suporte EJB em tempo de compilação. Os autores argumentam que uma solução semelhante utilizando o OOP simples seria muito mais complexa, devido ao enorme número de pontos de variação.

Ceccato e Tonella [26] descreveram como migrar uma aplicação existente não distribuída numa aplicação distribuída Java Remote Method Invocation (RMI), com base na aplicação AOP. Afirmam que fazer uma aplicação correr num ambiente distribuído envolve muitas modificações que são espalhadas e entrelaçadas com o código original. A sua solução é capaz de manter a aplicação original alheia à preocupação de distribuição, o que é considerado como uma clara vantagem na compreensibilidade do código e na sua capacidade de manutenção. São criados aspectos para as várias questões de implementação de Java RMI, como interfaces remotas, fábricas de objectos, invocação de métodos, passagem de parâmetros e tratamento de excepções. A geração de código emprega TXL [116] e AspectJ.

Uma experiência de especialização em middleware usando AspectC++ foi conduzida por Kaul e Gokhale [59]. A sua motivação era aumentar o desempenho e reduzir a pegada de memória das plataformas de middleware, utilizando aspectos para incluir apenas as características necessárias e para realizar a sua optimização. Levaram a cabo um estudo de caso envolvendo diferentes modelos de concorrência no middleware ACE [1]. O AOP foi utilizado para definir o modelo de rosca e para implementar parte da sua funcionalidade, com o objectivo de melhorar o desempenho do sistema. Os seus resultados mostram que a versão AOP apresentou menor latência (3 a 4%) e maior rendimento (2 a 3%) do que a implementação OOP original.

No Capítulo 6, descrevemos como integrar um quadro de tolerância a falhas, que é considerado um middleware adicional, no código do sistema operativo, utilizando a Programação Orientada a Espectro.

3.5 Tolerância a falhas usando AOP

Esta secção descreve o trabalho relacionado com a implementação da tolerância a falhas utilizando a Programação Orientada para o Espectro. Embora a tolerância a falhas (manipulação de falhas e fiabilidade) seja considerada uma preocupação não funcional e seja geralmente citada como um dos problemas que o AOP pode resolver [56, 62, 73], poucos trabalhos que combinem a tolerância a falhas e o AOP foram relatados.

Herrero et al. [53] criaram um modelo de replicação baseado em técnicas orientadas para o espectro. O aspecto da replicação pode ser definido pela linguagem JReplica ou por extensões especiais UML. Uma ferramenta visual estava a ser desenvolvida para gerar código JReplica a partir de UML. Neste trabalho, a reflexão computacional é utilizada para separar o nível funcional do nível do aspecto, mas não é dada qualquer informação sobre como o código final é gerado. As mensagens de entrada para objectos funcionais são interceptadas e redireccionadas para o nível de aspecto. As mensagens de saída de objectos são também interceptadas e adaptadas ao middleware correcto (por exemplo, CORBA ou JavaRMI). Só é suportada a replicação passiva. Os mecanismos de replicação são implementados por aspectos que definem quando as mensagens de estado são trocadas, e o comportamento para a detecção, notificação e recuperação de erros. O aspecto da replicação pode ser composto com aspectos desenvolvidos para outras preocupações, como por exemplo, a sincronização.

Gal et al. [46] propuseram a utilização de uma orientação de espectro em sistemas em tempo real para os domínios da distribuição, da actualidade e da fiabilidade. É dado um exemplo da aplicação para cada domínio, utilizando CORBA numa aplicação de registo como caso de teste. Os aspectos são implementados em AspectC++. O exemplo da actualidade é baseado na vigilância do tempo de execução utilizando um temporizador de vigilância, o que levanta uma condição de erro se um orçamento de tempo de execução for excedido. O exemplo da tolerância a falhas baseia-se na replicação das mensagens de registo a várias estações, mas não é aplicada qualquer estratégia de tolerância a falhas.

Kienzle e Guerraoui [63] questionam se é adequado utilizar técnicas AOP para separar as preocupações de controlo da concorrência e de gestão de falhas do código funcional. Concluem que a resposta é não, porque sentem que esta separação é dura e potencialmente perigosa. Aplicaram o AspectJ num estudo de caso baseado em transacções, analisando três abordagens básicas: (1) aspectização uniforme de transacções em todo o programa, (2) aspectização homogénea de transacções em objectos e métodos seleccionados, e (3) aspectização heterogénea de transacções em objectos e métodos seleccionados. Concluíram que a primeira abordagem é impossível, a segunda abordagem produz mau desempenho e que a aplicação da terceira, aspectos heterogéneos resulta em código funcional semanticamente acoplado à parte não funcional, e consequentemente qualquer manutenção no código funcional deve desencadear uma modificação nos aspectos da transacção. Um comentário sobre este documento escrito por Kiczales [12] afirma que o objectivo do POA não é tornar uma preocupação transparente, mas sim tornar a sua implementação modular. Na opinião de Kiczales, o desempenho de preocupações críticas como distribuição, tratamento de falhas e simultaneidade não pode ser tornado totalmente transparente.

Szentivânyi e Nadjm-Tehrani [109] relataram um trabalho para melhorar o desempenho de uma implementação FT-CORBA através da aplicação do AOP ao nível da aplicação. Neste trabalho, o registo das execuções do método necessárias para a replicação passiva foi deslocado do middleware FT para aplicações que utilizam AspectJ. Os aspectos de sincronização e registo de métodos são tecidos com métodos de actualização de código base. A capacidade de aconselhar o acesso ao campo de dados *(set* join point) em AspectJ permite a sincronização de acessos variáveis dentro dos métodos de actualização. Usando o AOP, as despesas gerais para replicação passiva foram reduzidas em cerca de 40%.

Alexandersson et al. [9] abordam a questão de saber se o AOP pode fornecer uma base para implementar mecanismos de tolerância a falhas em ambientes não distribuídos, denominados "tolerância a falhas ao nível do nó". Este trabalho apresenta exemplos de aspectos para a computação de nó único, tais como a execução com atraso temporal, afirmações e blocos de recuperação, utilizando o AspectJ. Um mecanismo de cache de recuperação AOP, necessário para a recuperação de erros retroactivos, foi implementado utilizando o *set* join point do AspectJ. O mecanismo de recuperação de erros atrasados aplicado neste trabalho é um software implementado sequencialmente TMR. Se os resultados da primeira execução não estiverem de acordo com os resultados da segunda execução, é executada uma terceira execução. O cálculo é definido por um método de classe e os resultados são o objecto de retorno. As asserções são implementadas por aspectos específicos da aplicação que verificam as entradas e resultados dos métodos seleccionados e levantam excepções em caso de falha. Os blocos de recuperação são implementados utilizando um aspecto abstracto que define o algoritmo FT e aspectos concretos específicos da aplicação que definem os métodos seleccionados e introduzem os novos métodos, tais como o teste de aceitação e o cálculo alternativo. À semelhança do mecanismo redundante de tempo, as falhas são tratadas por excepções. Os autores concluem que o AOP é bem adequado para implementar a tolerância a falhas ao nível do nó.

O trabalho apresentado acima foi posteriormente reimplementado utilizando AspectC++ porque a investigação dos autores visa sistemas críticos de segurança incorporados [10]. Para utilizar AspectC++ desenvolveram algumas extensões à distribuição oficial de AspectC++,

tais como a inclusão de pontos de *conjunto* e *de* junção para tipos de dados primitivos e as suas
indicações. Esta extensão não cobre tipos de dados de objectos, porque o operador da atribuição
pode ser sobrecarregado ou aconselhado por um aspecto.

No Capítulo 6, propomos a utilização do AOP para introduzir a tolerância a falhas ao nível
da aplicação, com base no quadro de FT descrito no Capítulo 5. Esta abordagem difere da de
Alexandersson ao definir o fio como a unidade básica de tolerância a falhas e ao visar ambientes
distribuídos.

3.6 Resumo

O conceito de separação das preocupações tem sido aplicado na engenharia de software
desde há muito tempo. Novas técnicas para lidar com preocupações transversais foram
propostas recentemente, tais como meta-programação, filtros de composição e AOP.

AOP é uma nova técnica de programação para apoiar o programador na separação limpa
dos componentes funcionais das preocupações transversais, que são implementadas como
aspectos, fornecendo um mecanismo para os compor e produzir o sistema global. Os conceitos-
chave no AOP são pontos de junção, pontos e conselhos.

AspectC+++ é uma extensão linguística para C+++ que permite escrever aspectos e tecê-
los com o código base utilizando a transformação do código fonte. As principais características
do AspectC+++ foram discutidas, incluindo a descrição de como os aspectos são compostos
para a funcionalidade principal. Além disso, foi apresentado o trabalho de investigação sobre o
desempenho do AspectC+++ e a pegada de memória.

Este capítulo também analisou o trabalho relacionado com a aplicação do AOP a sistemas
operacionais, middleware e sistemas tolerantes a falhas. Os sistemas operativos de propósito
geral e incorporados foram submetidos a implementações do AOP de preocupações
transversais, tais como optimização do desempenho e sincronização de interrupções, com bons
resultados na manutenção e utilização de recursos. As plataformas de middleware e as suas
aplicações são o principal alvo do AOP até agora. Vários trabalhos relataram refactoring de
middleware com AOP com excelentes resultados na redução da complexidade e no aumento da
configurabilidade e da capacidade de manutenção. Finalmente, foram apresentados os poucos
trabalhos publicados sobre a aplicação do AOP para tolerância a falhas.

Capítulo 4

Sistema operativo BOSS

Este capítulo descreve as principais características do sistema operativo BOSS. É apresentada uma breve introdução sobre os princípios, história e aplicações BOSS, seguida de uma descrição detalhada do kernel e middleware BOSS. Finalmente, são apresentadas as extensões de middleware desenvolvidas neste trabalho.

4.1 Introdução

Desde 2004, o Embedded Systems Research Group (ESRG) [41] da Universidade do Minho e o Fraunhofer Institute for Computer Architecture and Software Technology (FIRST) [43] têm vindo a cooperar no campo dos sistemas incorporados fiáveis, com base na investigação conjunta de tecnologias eficientes e adaptáveis de tolerância a falhas aplicadas a sistemas operativos e middleware em tempo real.

BOSS é um sistema operativo (OS) em tempo real desenvolvido pela FIRST. O seu principal princípio de concepção é a complexidade irredutível, o que significa que a concepção do SO visa alcançar a complexidade mínima no fornecimento de um conjunto básico de funcionalidades [81]. O objectivo é manter o SO simples e compreensível, uma vez que a complexidade é a causa da maioria das falhas de desenvolvimento do software. Outra vantagem desta abordagem é tornar possível a validação das partes críticas do SO através de métodos formais. O BOSS visa aplicações de alta fiabilidade, tais como satélites e sistemas médicos.

A BOSS utiliza extensivamente tecnologia orientada para objectos em C++; é totalmente preventiva e apresenta baixa latência de interrupção e tempo de comutação de linha. Foi portado para plataformas x86, PowerPC, Atmel AVR e ARM. Além disso, está disponível uma implementação on-top-of-Linux, e é utilizada principalmente para testes iniciais. A simplicidade do BOSS facilita a tarefa de o portar para outras plataformas. O suporte de comunicação é fornecido para redes Ethernet e CAN. Além disso, foi desenvolvida uma versão não preventiva do BOSS, denominada TinyBOSS, que visa plataformas com recursos muito limitados.

O microkernel BOSS tem mecanismos de gestão e sincronização de recursos, tais como semáforos e caixas de sinais; para comunicação entre tarefas, tais como mensagens e caixas de correio; para tratamento de interrupções; e para entrada/saída (I/O). As construções básicas do SO são implementadas em BOSS como classes que podem ser configuradas e alargadas por herança. Isto representa uma grande vantagem sobre os sistemas operativos convencionais desenvolvidos em línguas de procedimento, tais como C, que são normalmente difíceis de compreender e de modificar.

A comunicação de middleware em BOSS é realizada utilizando um protocolo editor-subscriber. As roscas enviam mensagens localmente ou através da rede, utilizando uma string como assunto, ou tópico. As mensagens são entregues a todos os objectos que subscrevem o mesmo assunto. Este acoplamento frouxo entre remetentes e receptores facilita a implementação da tolerância a falhas, porque a comunicação entre os fios é transparente e dinamicamente mutável.

A principal aplicação do sistema operativo BOSS foi no sistema de controlo por satélite BIRD (Bispectral Infrared Detector) [81]. Este micro satélite pesa 92 kg e foi lançado em 2001 pela Agência Aeroespacial Alemã (DLR) para detectar incêndios com mais de 12 ^{m2}. Neste sistema, são utilizadas quatro placas processadoras (PowerPC 623) que executam aplicações BOSS. Um nó actua como trabalhador, fazendo todo o cálculo necessário, enquanto é constantemente verificado por um nó supervisor. Em caso de falha no nó operário, o supervisor assume como operário. Se o nó falhado não for capaz de assumir como supervisor após uma reinicialização, um dos dois nós de reserva é activado e torna-se o novo nó supervisor. O sistema provou a sua fiabilidade em algumas explosões de actividade solar que expuseram o sistema a radiação de alta energia e partículas [24], o que gerou falhas transitórias.

O sistema operacional BOSS é também aplicado nos satélites CubeSat. CubeSat é um padrão para um satélite pico de pesquisa com dimensões 10x10x10 cm3, não pesando mais de um quilograma. A Universidade Técnica de Berlim está a desenvolver um projecto CubeSat denominado BEESat [22]. O TinyBOSS foi seleccionado como o sistema operacional para o computador de bordo [60, 82], que utiliza um processador ARM-7 a 60 Mhz.

Outra aplicação futura do BOSS é o projecto HiPerCAR [118]. Este projecto é financiado pela ESA e visa fornecer uma arquitectura fiável para a robótica espacial autónoma, utilizando recursos limitados. Ao nível do hardware, o HiPerCAR combina computadores endurecidos por radiação com computadores comerciais para alcançar tolerância a falhas com elevado poder de processamento. Esta configuração do sistema inclui um nó mestre fiável e vários nós COTS que actuam como trabalhadores. Cada função do sistema pode funcionar num nó operário, numa versão nominal, ou no nó mestre, na versão básica. A versão nominal do software implementa a funcionalidade completa, mas a versão básica apenas garante o funcionamento seguro do sistema. Após uma falha num nó operário, o nó mestre deve assumir rapidamente as suas funções e tentar reiniciar o nó defeituoso. No caso de uma falha permanente no nó operário, o nó mestre deve promover uma reconfiguração do sistema utilizando nós operários de reserva.

A DLR tem também planos para utilizar o BOSS na sua nova arquitectura de autocarros micro satélite denominados Standard Satellite Bus (SSB) [83]. A arquitectura será semelhante à arquitectura BIRD, utilizando também quatro nós e um trabalhador/supervisor com esquema de peças sobressalentes.

4.2 Serviços de Kernel

Nesta secção será descrito o núcleo BOSS, seguindo uma subdivisão baseada em funcionalidades relacionadas como processamento de tarefas, sincronização, comunicação inter-tarefas e calendarização.

4.2.1 Processamento de tarefas

No BOSS, as tarefas são implementadas por subclasses da classe *Thread*. A Figura 4.1 mostra um diagrama de classes com os principais métodos envolvidos no processamento de tarefas.

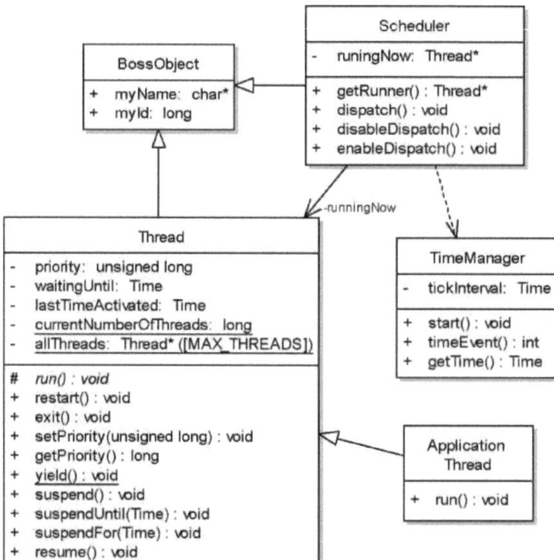

Figura 4.1: Classes relacionadas com o processamento de tarefas.

A classe *Thread*, bem como a maioria das classes BOSS, herda da classe *BossObject*, que fornece um nome opcional e um número de identificação. Os threads de aplicação devem herdar da classe Thread e implementar o método *run*, que irá definir o comportamento do thread.

A BOSS utiliza uma programação preventiva baseada em prioridades. O atributo de prioridade da classe *Thread* mantém a prioridade do fio. Valores de prioridade mais elevados representam níveis de prioridade mais elevados. As prioridades da rosca podem ser alteradas dinamicamente, utilizando o método *setPriority*. Para roscas da mesma prioridade, a política de programação selecciona a rosca com o tempo de activação mais antigo, mantida pelo *último* atributoTimeAtivado. O tempo em BOSS é definido como uma quantidade de 64 bits que representa o número de microssegundos passados desde que o sistema foi iniciado. A classe *Thread* mantém um conjunto de apontadores, denominados *allTreads,* para todos os threads existentes no sistema, incluindo o thread *Idle.* Esta matriz é utilizada pela classe *Scheduler* para seleccionar o próximo fio a ser executado após uma chamada para o método de *envio.*

Um fio pode estar num dos seguintes estados: pronto a correr, em funcionamento e suspenso, como mostra a Figura 4.2. Após a criação de um objecto de fio, o método de *reinício* prepara-o para a execução através da configuração da sua pilha e informação de contexto. A chamada inicial para *reiniciar* um fio é comandada pelo sistema operativo, mas este método também pode ser chamado durante a execução do fio. Após reiniciar uma thread, toda a informação da pilha é apagada e é executada uma chamada ao método de *execução da* thread. Uma linha *pronta a correr* pode ser seleccionada para execução após uma chamada para o método de *expedição* da classe *Scheduler.* A partir do estado de *execução*, um fio pode voltar ao estado de *pronto a executar* se outro despacho ocorrer ou se chamar o método de *rendimento.* O método de *suspensão* faz com que um fio vá para o estado *suspenso*, enquanto o método de retomada permite que um fio esteja novamente pronto a correr.

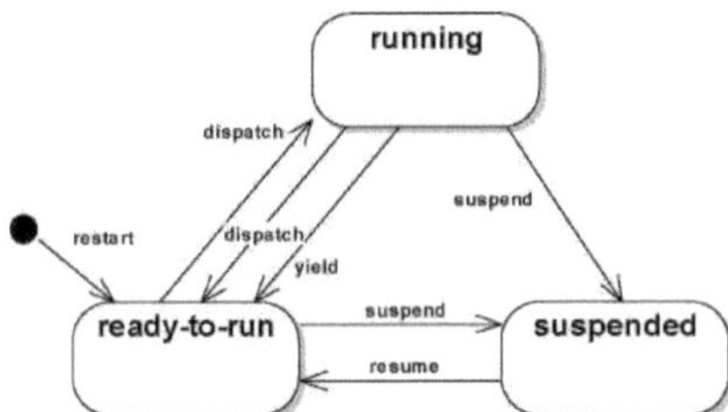

Figura 4.2: Estados de rosca.

O mecanismo de suspensão ou bloqueio do fio no BOSS está a ser implementado utilizando uma variável de tempo (o atributo *waitingUntil* mostrado na Figura 4.1). Se um fio tiver de ser suspenso até um tempo específico, deve ser utilizado o método *suspendUntil.* Em alternativa, um fio pode ser suspenso por um período de tempo, utilizando o método *suspendFor.* O método suspendUntil suspenderá um fio para sempre, e é de facto implementado chamando o método *suspendUntil* com o máximo valor de tempo possível, que nunca é alcançado. A classe *Scheduler* utiliza o método *getTime* da classe *TimeManager* para verificar quais os fios capazes de executar, dependendo do seu limite de tempo para suspensão *(waitingUntil).* O método *resume* repõe o limite de suspensão do fio, tornando um fio pronto a ser executado.

O método de *envio* é chamado sempre que é necessária uma mudança de contexto como, por exemplo, após a execução de *suspender, retomar* ou *render.* Além disso, o método de envio é chamado depois de cada tick do relógio do sistema. O intervalo do relógio é definido pelo atributo *tickInterval* da classe *TimeManager*, mostrado na Figura 4.1. Além disso, outras fontes de interrupção podem desencadear um despacho, dependendo das configurações definidas nas rotinas de gestão de interrupções relacionadas. O despacho do agendador pode ser desactivado chamando o método *disableDispatch* da classe *Scheduler*.

No BOSS, todos os fios partilham o mesmo espaço de endereçamento. As pilhas de fios são criadas na pilha do sistema. No entanto, a criação de objectos de kernel utiliza alocação de memória estática e estes objectos nunca são destruídos.

4.2.2 Sincronização

A sincronização pode ser classificada em duas categorias: sincronização de recursos e sincronização de actividades [96]. A sincronização de recursos visa alcançar o acesso exclusivo a um recurso partilhado, como uma variável global, uma estrutura de dados ou um dispositivo de E/S. A sincronização de recursos é também conhecida como exclusão mútua. A secção do código que acede a um recurso partilhado é denominada secção crítica. Em contraste, a sincronização de actividades visa assegurar a ordem correcta de execução entre as tarefas cooperantes. A Figura 4.3 contém um diagrama de classes com todas as classes de kernel relacionadas com a sincronização no BOSS.

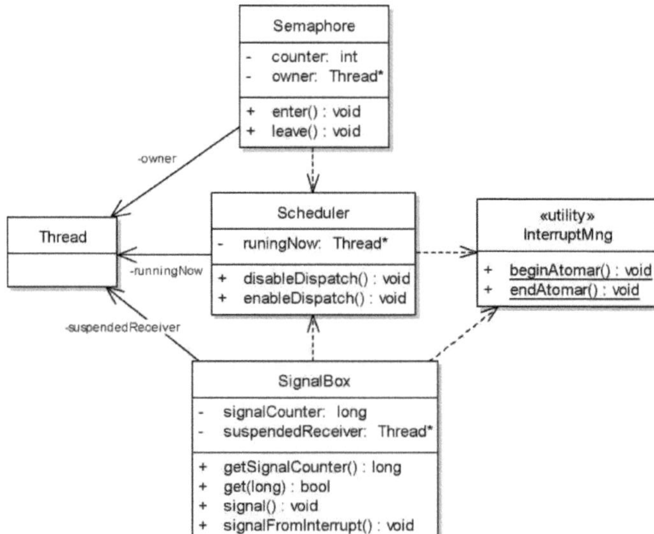

Figura 4.3: Classes relacionadas com a sincronização.

São fornecidos os seguintes métodos para apoiar a exclusão mútua:

- **Interrupção do bloqueio**: este método consiste em desactivar interrupções do sistema para sincronizar acessos exclusivos a recursos partilhados entre tarefas e rotinas de interrupção do serviço (ISR). O bloqueio por interrupção afecta a latência de interrupção do sistema e pode ser utilizado para proteger pequenas e rápidas secções críticas. O bloqueio por interrupção é fornecido pelas funções globais *beginAtomar* e *endAtomar,* que devem incluir uma secção crítica. O encaixe de bloqueio de interrupção é implementado através do incremento de uma variável global em *begingAtomar* e da sua diminuição em *endAtomar.* As interrupções são activadas por *endAtomar* apenas quando esta variável atinge o seu valor original. Como representado na Figura 4.3, várias classes de kernel utilizam o bloqueio de interrupção nas suas implementações, tais como o *Scheduler* e a *SignalBox.*

- **Bloqueio de preempção**: este método consiste em desactivar o agendador de tarefas, ou o mecanismo de despacho. A aplicação desta característica torna o agendador não preventivo como um fio de baixa prioridade já não será prevenido por uma tarefa de maior prioridade. No entanto, o bloqueio preventivo não sincroniza os acessos aos recursos entre as tarefas e o ISR. O bloqueio preventivo é fornecido pelos métodos *disableDispatch* e *enableDispatch* da classe *Scheduler.* Da mesma forma, para interromper o bloqueio, o bloqueio preventivo permite o encaixe utilizando uma variável global para controlar o nível de encaixe. Quando esta variável atinge o valor original, o despacho é executado e os despachos futuros são permitidos. As classes *Semaphore* e *SignalBox* utilizam o bloqueio de preempção na sua implementação. O uso de bloqueio de preempção para uma secção crítica maior afecta as reacções de tarefa de alta prioridade.

  - **Semáforos:** este método de mecanismo de exclusão mútua faz com que um fio seja suspenso ao chamar o método de *entrada,* se não houver recurso disponível. A BOSS implementa semáforos mutex por defeito. Os semáforos têm propriedade e as chamadas para o método de *saída* só são aceites pelo proprietário. Nenhum mecanismo de inversão de prioridade é implementado. Quando vários fios são bloqueados no mesmo semáforo, o fio de maior prioridade é lançado primeiro. Para roscas de prioridade igual, a que tiver o tempo de activação mais antigo é desbloqueada primeiro.

O apoio à sincronização de actividades é fornecido pela classe *SignalBox.* Uma caixa de sinais é um mecanismo semelhante a um semáforo de contagem. Inicialmente, o atributo *signalCount* é fixado em zero, e é incrementado cada vez que o método *signal* é chamado e decrescido quando o método *get* é chamado. Um fio será suspenso se chamar o método *get* quando o atributo *signalCount* for zero. Diferentemente dos objectos *Semaphore*, os objectos

SignalBox podem ser utilizados em sincronizações entre ISR e threads. No entanto, apenas os threads devem ser sinalizados, uma vez que a ISR não deve ser suspensa. Além disso, apenas um fio pode ser sinalizado, e um ponteiro para este fio é armazenado no atributo de *receptor suspenso* da *SignalBox*.

4.2.3 Comunicação

Os serviços de comunicação do núcleo BOSS consistem em classes passivas que suportam transferências seguras de dados entre tarefas e também entre ISR e tarefas. A Figura 4.4 mostra as principais classes BOSS envolvidas nos serviços de comunicação.

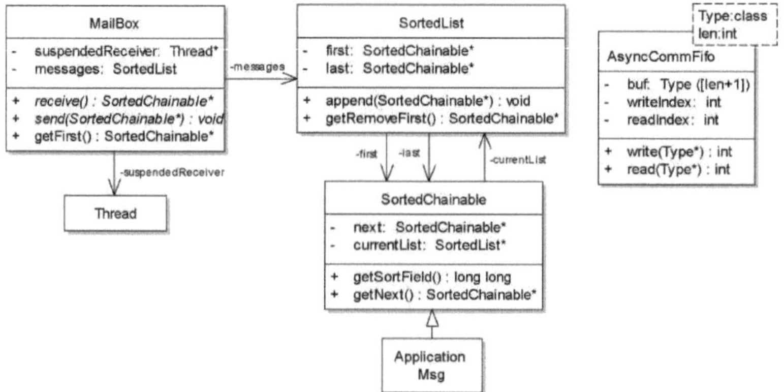

Figura 4.4: Aulas relacionadas com a comunicação.

A classe *MailBox* fornece comunicação de dados entre linhas, de forma semelhante a uma fila de mensagens. Vários tópicos podem enviar mensagens para um único tópico receptor, que é suspenso se chamar o método de *recepção* e não houver mensagens disponíveis. Os threads de envio nunca são bloqueados e as mensagens são armazenadas na estrutura de dados da lista ligada implementada pela classe *SortedList*. A mensagem de dados usando *MailBox,* representada na Figura 4.4 como *Aplicação Msg,* deve ser uma subclasse da classe *SortedChainable*, pois deve ter atributos e métodos relacionados com objectos de nós de listas ligadas. As mensagens são entregues numa base First in - First out (FIFO), embora os objectos da *SortedList* sejam capazes de ordenar os itens utilizando um campo prioritário. Os objectos de dados enviados para caixas de correio são armazenados numa *SortedList* e não é efectuada qualquer cópia de dados. Por conseguinte, os segmentos emissor e receptor são responsáveis pela criação de objectos de dados e exclusão mútua.

A classe *AsyncCommFifo* fornece comunicação de dados FIFO assíncrona não bloqueada entre um remetente e um receptor utilizando um protocolo produtor-consumidor. Os remetentes e os receptores podem ser ou linhas ou rotinas de serviço interrompidas, uma vez que nunca são bloqueadas. *AsyncCommFifo* é uma classe de modelo que recebe o tipo de objectos de dados e o tamanho do buffer interno como parâmetros de modelo. Os métodos de *leitura* e *escrita* copiam estes objectos de dados de e para o buffer interno, respectivamente.

4.2.4 Classes de utilidades

Para além das classes apresentadas até agora, o kernel BOSS fornece várias classes de utilidade para apoiar o controlo da temporização de threads, gestão de memória e depuração. As principais classes para controlo de cronometragem e gestão de memória são apresentadas na Figura 4.5.

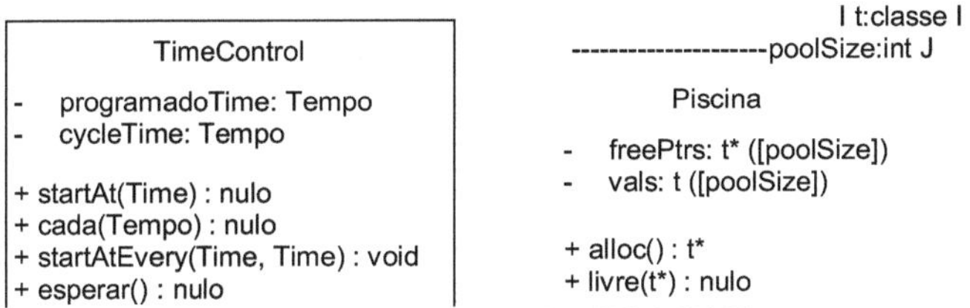

Figura 4.5: Classes de utilidade BOSS.

Um fio pode utilizar um ou mais objectos *TimeControl* para apoiar a implementação do seu comportamento temporal. Cada objecto *TimeControl* define um tempo de execução inicial *(*método *startAt)* e um tempo de ciclo *(cada* método)*. Quando uma thread chama o método de *espera* do *TimeControl,* um novo tempo de despertar é calculado e passado para o método *suspendUntil* da classe *Thread.*

A classe *Pool* apoia a criação e gestão de objectos em memória estática. É uma classe de modelo com dois parâmetros de modelo: o tipo e número de objectos a gerir. O método de *alocação* devolve um ponteiro a um objecto não utilizado, enquanto que o método *livre* o devolve ao pool. Se o pool estiver vazio, o método de *alocação* retorna um ponteiro nulo. Múltiplos fios e ISR podem partilhar o mesmo conjunto de objectos que os métodos de *Pool* são protegidos por mecanismos de exclusão mútua.

4.2.5 Interface e gestão de Hardware

BOSS tem uma pequena camada dependente do hardware (HDL) que implementa a funcionalidade dependente da plataforma, como mudança de contexto e gestão de interrupções. A interface entre o kernel BOSS e o HDL é definida por funções C que são implementadas numa destas camadas. As funções C são utilizadas para simplificar as chamadas do código de montagem no HDL para o kernel, e vice-versa. No entanto, a maioria do código HDL é implementada em C e C++. A Figura 4.6 mostra as camadas básicas da arquitectura BOSS.

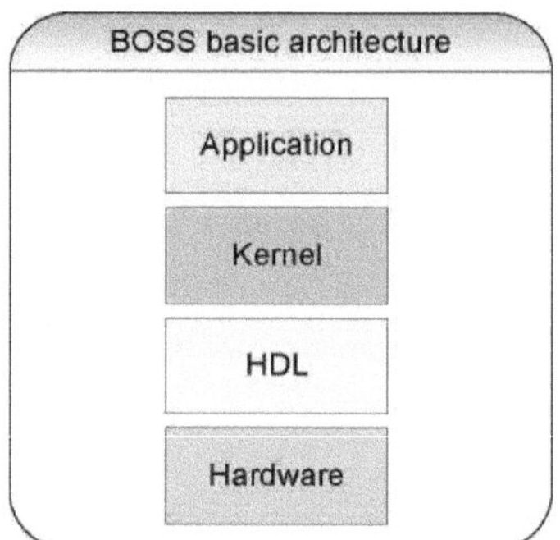

Figura 4.6: Arquitectura básica BOSS.

As principais funções da interface kernel/HDL são apresentadas na Figura 4.7. A função *hwSetUp* é chamada pelo kernel para realizar a inicialização específica da plataforma, como definição de vectores de interrupção e configuração da gestão da memória. As funções *interruptsOn* e *interruptsOff* fornecem o código de montagem para activar e desactivar as interrupções. A inicialização do temporizador do relógio é implementada pela função *initTimer*, que recebe o intervalo do relógio como um parâmetro. A função *getMicroSeconds* retorna a base de tempo em microssegundos desde o arranque do sistema. A função de *configuração* é chamada pelo método de *reinício* da classe *Thread* para inicializar a estrutura da pilha de fios. O interruptor de contexto é executado pela função de *transferência* e a função *softReset* reinicia o nó e pode ser utilizada se for detectado um erro irrecuperável.

As funções do núcleo chamadas pelo HDL são descritas como se segue. A função *ThreadStartUp* é o ponto de entrada da execução da thread após a inicialização da pilha. Esta função chama o método de *execução da* classe *Thread*, que não deve retornar; caso contrário, terá lugar um reset do nó. A função *interruptPropagator* é chamada por um manipulador de interrupção geral no HDL para permitir a execução de serviços de eventos de interrupção definidos por threads de aplicação. O parâmetro *interrutptID* é utilizado para identificar a fonte de interrupção e desencadear a execução do método *eventServer* da classe Thread. Finalmente, a função *dispatchCaller* é chamada ao deixar os manipuladores de interrupção, se for necessário um despacho.

```
    // Kernel --> HDL

    void hwSetUp(void);

    interrupções nulasOn(nulo);

    void interruptsOff(void);

    Tempo initTimer(Intervalo de tempo);

    Time getMicroSeconds(void);

    longo *setup(longo *stack, longo stackSize, void *classRef);

    transferência nula(longo **de, longo *a);

    void softReset(nulo);


    // HDL --> Kernel

    void ThreadStartUp(void * thread);

    int interruptPropagator(int interruptID);

    despacho vazioCaller(void);
```

Figura 4.7: Interface Kernel/HDL.

No BOSS não há provisão de mecanismos para a instalação e gestão de drivers de dispositivos. O programa de aplicação pode aceder directamente ao hardware, fazendo uso de objectos do kernel e interromper o suporte de gestão conforme necessário.

4.3 Serviços de middleware

As aplicações de nó único podem ser desenvolvidas com as classes do núcleo BOSS descritas até agora. Contudo, o suporte para aplicações de múltiplos nós e aplicações distribuídas tolerantes a falhas é fornecido por classes extra que implementam um paradigma comum de comunicação tanto para os fios internos como externos. Este novo nível de funcionalidade é designado por middleware. O middleware BOSS é baseado na comunicação assíncrona orientada para mensagens, utilizando o protocolo editor-subscriber. Nesta secção, será descrita a implementação original do middleware BOSS.

4.3.1 Mensagem para comunicação de mensagens

A unidade básica de comunicação de middleware em BOSS é a classe de *Mensagem*, mostrada na Figura 4.8.

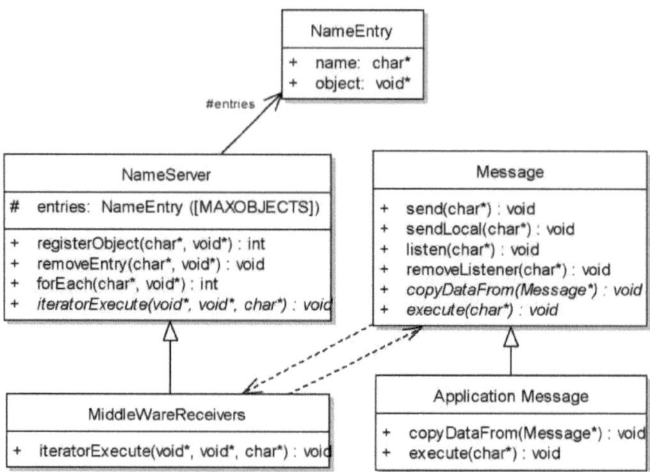

Figura 4.8: Diagrama de classes de *mensagens*.

As mensagens de aplicação devem herdar da classe *Message* e incluir dados como atributos de classe. Além disso, as classes derivadas da *mensagem* devem implementar o método *copyDataFrom*, que define como os dados da mensagem são actualizados com dados de outras mensagens. Além disso, pode opcionalmente implementar o método *execute*, que define um comportamento específico após a cópia da mensagem.

A Figura 4.9 apresenta a forma como as estruturas de dados editor-subscriber são implementadas. Um objecto *NameServer* mantém um conjunto de objectos *NameEntry* que relaciona os sujeitos com a recepção de mensagens. No exemplo da Figura 4.9, *Mensagem1* e *Mensagem3* são assinantes do assunto1. O mesmo nome de assunto pode ser subscrito por mais de uma mensagem. Além disso, a mesma mensagem pode ser subscrita por mais do que um assunto, tal como a *Mensagem3* faz.

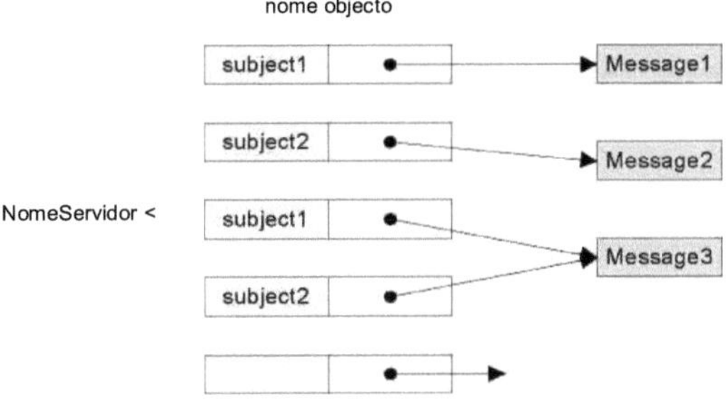

Figura 4.9: Estrutura de dados

Uma mensagem é enviada, ou publicada, utilizando os métodos de *envio* e *envioLocal* da classe *Mensagem*. Para enviar uma mensagem, é necessário passar o nome do assunto como argumento. A distribuição da mensagem é feita através da cópia dos atributos de dados da mensagem receptora para todas as mensagens que tenham subscrito o assunto relacionado. A distribuição de mensagens é implementada pela classe *MiddlewareReceeceivers,* como mostra

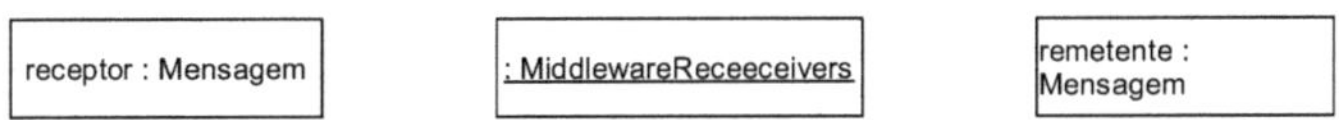

o diagrama de sequência da Figura 4.10.

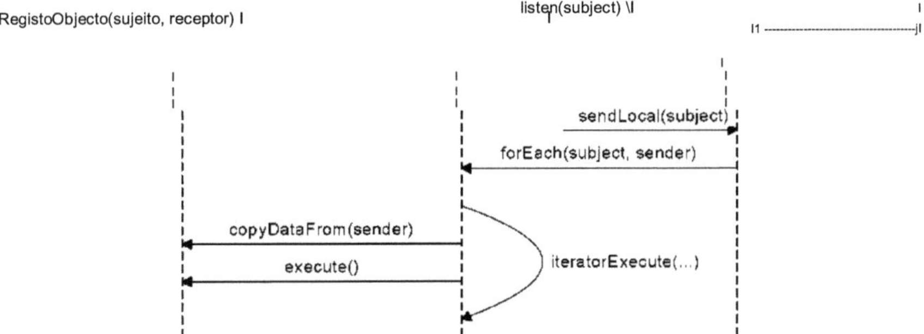

Figura 4.10: Distribuição de mensagens de Middleware.

Inicialmente, a mensagem *receptora* regista a sua subscrição de um assunto através do método de *escuta*. Isto é realizado pelo método *registerObject* da classe MiddlewareReceivers, que estabelece uma entrada na estrutura de dados da Figura 4.9. Quando o método *sendLocal* da mensagem do *remetente* é chamado, o método *forEach* de *MiddlewareReceeceivers* é executado, iniciando-se uma pesquisa na estrutura de dados *NameServer* para entradas com o mesmo nome de assunto. Quando é encontrada uma correspondência, o iteratorExecute executa o método *copyDataFrom* da mensagem recebida, copiando os atributos de dados da mensagem enviada. Adicionalmente, é activado o método de *execução da* mensagem receptora, permitindo a execução do código relacionado com a recepção da mensagem, como por exemplo, o recomeço de um fio suspenso.

O mecanismo de sobrescrever os dados de uma mensagem com os dados de outra mensagem é aqui referido como comunicação mensagem a mensagem. Usando este mecanismo, os dados da mensagem podem ser escritos sem utilização prévia de dados. Isto é ideal para transmitir mensagens de estado, nas quais apenas os dados mais recentes são significativos. Contudo, este mecanismo não é adequado para mensagens de eventos, em que as mensagens transmitem um evento do sistema, uma vez que os eventos podem ser sobregravados e perdidos.

4.3.2 Mensagem para comunicação em linha

A fim de entregar mensagens de eventos, é fornecido um mecanismo de mensagens em linha. Isto inclui apoio para armazenamento de mensagens em buffer e sincronização de threads na recepção de mensagens. A classe *IncommingMsgAdministrator*, mostrada na Figura 4.11, fornece a funcionalidade de caixa de correio para os threads. É uma classe de modelo que recebe como parâmetros de modelo uma classe de mensagem de aplicação e o tamanho do buffer de mensagens. Internamente, *IncommingMsgAdministrator* mantém uma reserva de memória de mensagens da aplicação usando um objecto *Pool*, e um objecto *MailBox* para fornecer a funcionalidade de caixa de correio.

A classe *IncommingMessageAdministrator* deriva da classe *Message*, e portanto pode comportar-se como uma *Mensagem* receptora, exactamente como descrito na Figura 4.10. A implementação do seu método *copyDataFrom* é apresentada na Figura 4.12. Quando este método é chamado, um ponteiro para um objecto de mensagem livre é recuperado do pool, uma cópia é efectuada utilizando *copyDataFrom*, e a mensagem receptora é enviada para a Caixa de Correio.

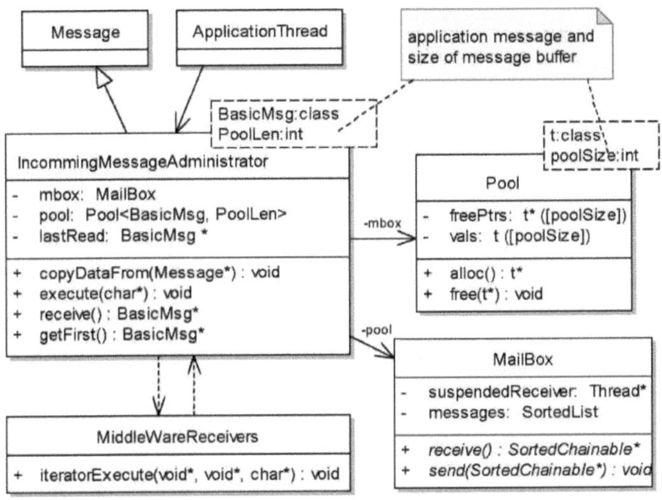

Figura 4.11: **Diagrama de classes**

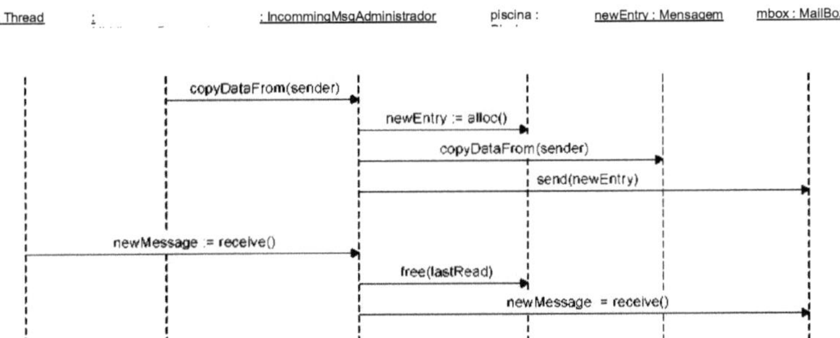

Figura 4.12: **Diagrama de sequência** *IncommingMessageAdministrator.*

As roscas recebem mensagens chamando o método de *recepção* de *IncommingMessageAdministrador,* como mostrado na Figura 4.12. A mensagem lida anterior é libertada e enviada de volta para o conjunto de objectos de mensagem. Depois, o método de *recepção do* objecto *MailBox* é executado. Se a caixa de correio estiver vazia, o tópico será suspenso até que uma nova mensagem chegue.

4.4 Extensões de middleware

A implementação original do BOSS recebido de FIRST não forneceu um mecanismo genérico para o envio e recepção de mensagens de rede. Por exemplo, apenas o método *sendLocal* da classe *Message* foi implementado pelo kernel. A implementação do método sendLocal, que é suposto distribuir uma mensagem tanto interna como externamente, era dependente da aplicação (uma função ou método de aplicação deve ser chamado). O mesmo se aplicava à recepção de mensagens do middleware, que tinha de ser implementada por um tópico de aplicação.

Além disso, a implementação original não suportava a identificação da mensagem. A identificação da mensagem é necessária para descartar mensagens duplicadas e para implementar algoritmos de votação. A Figura 4.13 apresenta uma configuração TMR tolerante a falhas que será utilizada para discutir as razões para fornecer a identificação da mensagem. Nesta configuração, três réplicas da *tarefa A* recebem a mesma entrada e enviam os seus resultados a três eleitores idênticos. Os resultados dos eleitores são enviados para três réplicas da *Tarefa B*. Como as mensagens de saída dos eleitores são redundantes, a *Tarefa B* pode processar a primeira mensagem recebida e descartar as seguintes mensagens. Mas para descartar mensagens é necessário reconhecer que elas estão relacionadas com os mesmos dados de entrada. Uma solução possível é incluir um número de identificação na mensagem de entrada original e retransmitir esse número de identificação nas mensagens de saída da *Tarefa A* e do *Eleitor A*. Além disso, a identificação da mensagem é também útil para os eleitores porque fornece informação que pode ser utilizada para detectar se um novo ciclo de votação teve início.

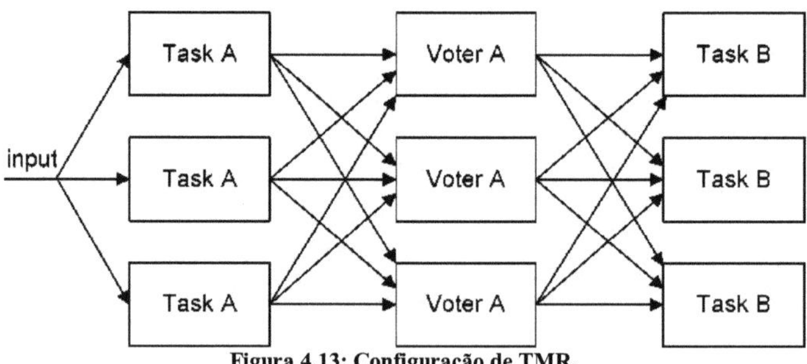

Figura 4.13: Configuração de TMR.

Nas secções seguintes, serão apresentadas as novas extensões ao middleware BOSS desenvolvido neste trabalho.

4.4.1 Identificação e descarte de mensagens

A implementação da identificação da mensagem e o descarte de mensagens duplicadas pelo middleware exigiu a modificação das classes *Message* e *NameServer*. Para a classe *Message*, consistia na inclusão do atributo *msgID*. O método de *escuta* da classe *Message* aceita agora um valor booleano como parâmetro, para definir se as mensagens duplicadas devem ou não ser descartadas. O valor por defeito para este parâmetro é falso, o que significa que nenhuma mensagem deve ser descartada. Esta opção será armazenada na *bandeira de descarte* da nova implementação *NameServer*, mostrada na Figura 4.14.

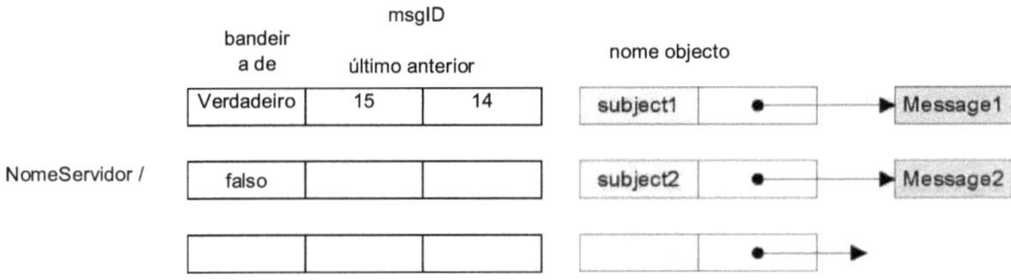

Figura 4.14: Extensão *NameServer* para descartar mensagens

Para além da bandeira de descarte, foram adicionados dois atributos de identificação de mensagem a cada entrada do *NameServer* para armazenar a última e a anterior *msgID*. No exemplo mostrado na Figura 4.14, a *Messagel* foi registada para mensagens de descarte (a bandeira de descarte é igual a verdadeira), a última mensagem entregue tinha 15 como *msgID* e a anterior mensagem entregue tinha 14 como *msgID*. Uma nova mensagem recebida só será entregue se tiver um *msgID* diferente de 15 e 14. Por exemplo, uma nova mensagem com *msgID* de 16 será entregue, e consequentemente o atributo msgID anterior receberá o valor do último atributo *msgID* (15 neste caso), e o último atributo *msgID* receberá o *msgID* da mensagem recebida (16 neste caso). Se, no entanto, a nova mensagem tiver *msgID* de 15 ou 14, será descartada e não serão feitas modificações aos últimos e anteriores atributos *msgID*.

Utilizando o algoritmo descrito acima e considerando a configuração apresentada na Figura 4.13, a *tarefa B* receberia apenas a primeira mensagem enviada por um votante em cada ciclo de votação. Qualquer mensagem recebida tardiamente do ciclo de votação anterior também seria descartada.

As identificações de mensagens são definidas como variáveis "curtas não assinadas" (geralmente 16 bits) e podem ser geradas sequencialmente enviando tarefas apenas mas incrementando-as para cada nova mensagem. Não é necessário nenhum cuidado especial quando atingem o valor máximo (por exemplo 65535) e voltam a zero porque o algoritmo de descarte não se baseia na encomenda. A única restrição é evitar começar a enviar mensagens com o valor máximo de identificação porque esse é o valor utilizado para inicializar o último e anteriores atributos *msgID*.

4.4.2 Tratamento de mensagens externas

Esta secção irá descrever o mecanismo de extensão de middleware para apoiar a entrega de mensagens externas. As classes *Message* e *MiddlewareReceeceivers* foram modificadas pela introdução de novas variáveis, estruturas de dados e métodos, como mostrado na Figura 4.15.

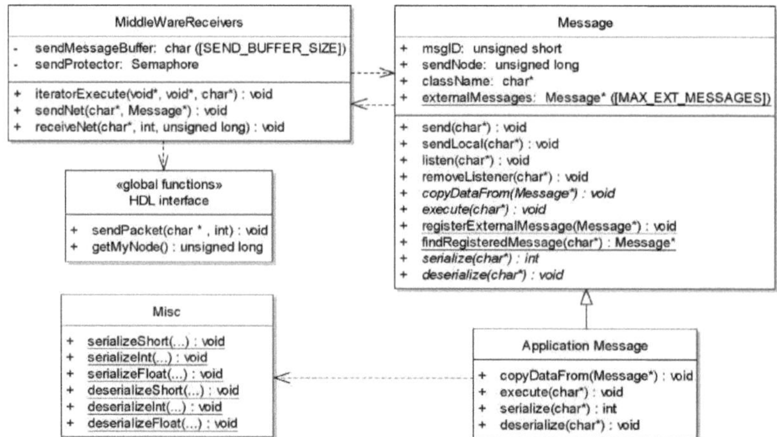

Figura 4.15: Diagrama de classes de extensão de middleware.

Para além do atributo *msgID*, já discutido na última secção, a classe *Message* foi aumentada pelo atributo *sendNode*, que identifica o nó de origem de uma mensagem (por exemplo, número IP); pelo atributo *className*, que armazena o nome da subclasse de *Mensagem* que será enviada para um nó externo; e pelo conjunto estático de apontadores de mensagens *externas*, que faz referência a mensagens auxiliares utilizadas na recepção de mensagens. O método *registerExternalMessage* insere uma entrada no array de *ExternalMessages* e o método *findRegisteredMessage* procura uma mensagem auxiliar com um dado atributo *className* no mesmo array. *Serializar* e *deserializar* são novas funções virtuais que devem ser implementadas por mensagens externas para marshaling e unmarshaling dos dados da mensagem. Estas funções podem utilizar as funções de utilidade da classe *Misc* no processo de serialização e desserialização.

A classe *MiddlewareReceeceivers* ganhou um buffer de dados chamado *sendMessageBuffer* para armazenar os dados de mensagens enviadas após a serialização e um semáforo para os proteger de acessos múltiplos de envio de threads. Dois novos métodos foram adicionados a *MiddlewareReceivers:* o método *sendNet* prepara a mensagem para transmissão de rede, eventualmente chamando o método *sendPacket* da interface HDL; e o método *receiveNet* distribui as mensagens recebidas, tomando como entrada os dados recebidos pelo HDL quando uma mensagem chega.

O processo de envio e recepção de mensagens externas é mostrado na Figura 4.16. No nó remetente, é preparada uma mensagem e o método de *envio* é chamado, passando o assunto da mensagem como argumento. Depois disso, o método *sendNet* de *MiddlewareReceeceivers* é executado e encarrega-se do envio da mensagem, preparando o *sendMessageBuffer de* acordo com o diagrama de sequência mostrado na Figura 4.17.

A informação da *classeNome* é retirada do objecto de mensagem *do remetente*, bem como do *msgID*. A ordenação da mensagem de dados é realizada pelo próprio remetente, utilizando o método de *serialização.* Todos os dados são enviados em ordem de byte de rede (big-endian). As funções de serialização da classe *Misc* são capazes de alterar a ordem de bytes para plataformas little- endian. Quando o buffer está pronto para transmissão, um ponteiro para ele, assim como o seu tamanho de dados, são passados para a função *sendPacket* da interface HDL, que

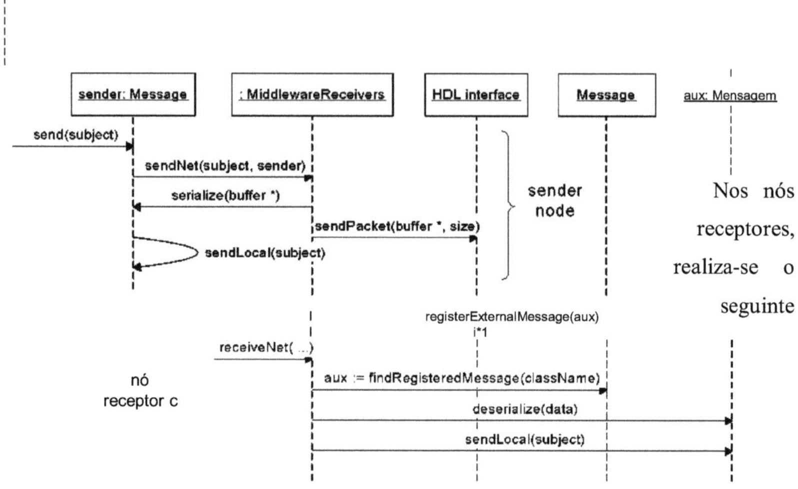

Figura 4.16: Processamento de mensagens

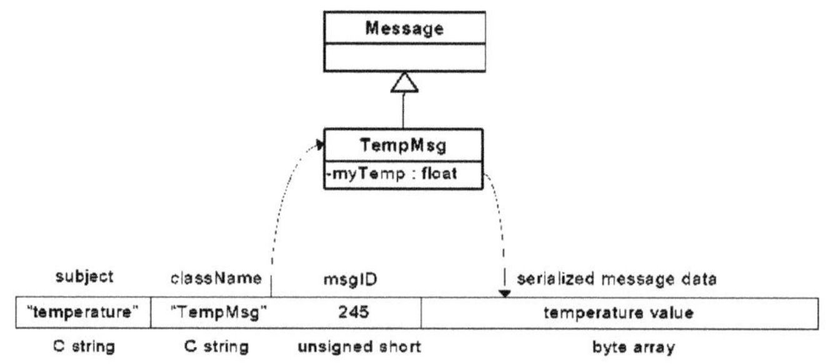

Figura 4.17: Descrição do pacote de mensagens

processamento (Figura 4.16). Inicialmente, deve ser criado e registado um objecto de mensagem auxiliar da classe de mensagem do remetente, utilizando o *registerExternalMessage*. Quando uma mensagem é recebida pelo HDL, é chamado o método *receiveNet* de *MiddlewareReceeceivers*. Depois, um buffer de recepção, passado como argumento, é digitalizado para remover a informação da *classeNome*, que é depois passada para o *findRegisteredMessage a fim* de recuperar um ponteiro para o objecto de mensagem auxiliar relacionado com a mensagem recebida. Se não existir uma mensagem auxiliar correspondente, a mensagem recebida é descartada, caso contrário os dados recebidos são copiados para a mensagem auxiliar. O método de *desserialização da* mensagem auxiliar executa a desarticulação dos dados da mensagem. Neste ponto, a mensagem auxiliar é uma réplica da mensagem original do remetente, e pode ser enviada localmente utilizando o método *sendLocal*.

O mecanismo acima descrito proporciona uma comunicação totalmente transparente para as aplicações. Isto significa que a mesma aplicação pode funcionar em plataformas diferentes (com pedidos de bytes possivelmente diferentes), e comunicar com outras aplicações sem saber em que plataforma estão a funcionar. Os objectos de mensagem podem ser enviados localmente e através da rede usando o método de *envio*, e apenas têm de implementar os métodos de *serialização* e *desserialização*. Ao lado do receptor, um objecto da mesma classe de mensagem deve ser criado e registado no momento da inicialização. Não são necessários mais procedimentos para lidar com mensagens externas ao nível da aplicação. Todo o código dependente da plataforma e da rede é implementado na Camada Dependente do Hardware.

4.5 Resumo

O sistema operativo BOSS é um sistema operativo em tempo real concebido para sistemas incorporados de pequena escala com requisitos de alta dependência. A sua concepção orientada para objectos visa a redução da complexidade dos sistemas operativos, que é a causa da maioria das falhas de concepção. Contudo, cobre todas as funcionalidades básicas necessárias para desenvolver aplicações incorporadas, incluindo a comunicação entre nós, utilizando um protocolo de editoras-subscriber.

Este trabalho melhorou o middleware BOSS, acrescentando mecanismos de identificação de mensagens e descartando mensagens duplicadas. Além disso, foi desenvolvido o apoio ao tratamento de mensagens externas, tornando a comunicação intra-nó e inter-nó transparente para aplicações. A informação fornecida neste capítulo é necessária para a compreensão do quadro de tolerância a falhas descrito no capítulo seguinte.

Capítulo 5

Quadro de tolerância a falhas

Este capítulo descreve o quadro de tolerância a falhas desenvolvido para apoiar a tolerância a falhas na aplicação sobre o sistema operativo BOSS e o seu middleware. Como introdução, são apresentados os objectivos e constrangimentos do quadro de referência. Posteriormente, a estrutura é descrita em vários níveis de detalhe, desde a perspectiva do programador da aplicação até às implementações de estratégias FT específicas. Finalmente, são discutidos os benefícios e inconvenientes da estrutura FT proposta.

5.1 Introdução

A estrutura FT concebida para apoiar a tolerância a falhas de aplicação aos sistemas operacionais BOSS tem vários objectivos e constrangimentos. Primeiro, tem de ser facilmente personalizável e extensível, a fim de apoiar a tolerância a falhas numa grande variedade de projectos com diferentes requisitos de fiabilidade e disponibilidade de hardware. Por conseguinte, deve fornecer mecanismos de tolerância a falhas de hardware e software, utilizando sistemas de hardware únicos ou redundantes com versões únicas ou múltiplas de software. Em segundo lugar, tem de ser totalmente compatível com o sistema operativo BOSS, utilizando as características básicas fornecidas por este OS e a infra-estrutura de comunicação fornecida pelo seu middleware. Finalmente, tem de ser simples e eficiente para funcionar em sistemas incorporados em pequena escala em tempo real sem incorrer em demasiado consumo de recursos, tais como o uso de processador e memória.

A estrutura FT aqui descrita concentra-se na computação tolerante a falhas e não inclui mecanismos para tolerar erros na rede de comunicação. Neste trabalho, assume-se que a comunicação por baixo é fiável e ordenada.

Como se viu na Secção 2.10, foram propostos e desenvolvidos pela comunidade de investigação vários padrões e quadros de tolerância a falhas orientados para objectos. Em geral, a unidade de tolerância a falhas é um objecto de aplicação com comportamento definido por uma subclasse de uma classe "variante" abstracta. Considerando os objectos como unidades de tolerância a falhas também tem sido aplicado em sistemas de apoio à tolerância a falhas tais como implementações FT-CORBA [88], embora utilizando replicação sem diversidade. Outros sistemas como o ROAFTS [68] utilizam objectos virtuais (objectos TMO nesse caso) como unidades de redundância, mas as chamadas de métodos são implementadas como threads.

A abordagem escolhida é utilizar os fios BOSS como unidades de tolerância a falhas porque os fios e processos são as verdadeiras unidades de cálculo num sistema multitarefa. Consequentemente, o reinício dos fios pode ser utilizado como um mecanismo eficaz de recuperação do sistema. O mesmo mecanismo não pode ser aplicado por métodos de objecto se, por exemplo, uma condição de erro levar a uma execução de loop infinito. Além disso, a utilização de objectos (virtuais ou reais) como unidades de tolerância a falhas aumenta a complexidade da implementação do sistema, reduz o desempenho e aumenta a utilização de memória. A mesma abordagem foi utilizada no FT-RT- Mach [40] e no AFT para o trabalho com naves espaciais [52].

5.2 Modelo de fio de tolerância a falhas

Nem todos os tipos de fios de aplicação podem ser utilizados como unidades de computação tolerante a falhas no quadro proposto. Uma rosca tolerante a falhas deve obedecer a um modelo específico de rosca tolerante a falhas, mostrado na Figura 5.1.

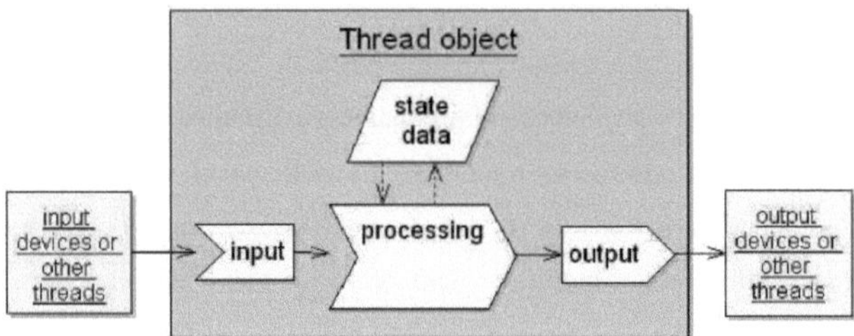

Figura 5.1: Modelo de fio de tolerância a falhas.

Os tópicos tolerantes a falhas devem ser lidos a partir de dispositivos de entrada ou receber mensagens de entrada de outros tópicos, processar as entradas e gerar uma saída quer escrevendo para um dispositivo de saída ou enviando uma mensagem de resultado para outros tópicos. O modelo suporta tanto os tópicos de estado como os tópicos sem estado. Para os tópicos de estado, o resultado de saída dependerá tanto dos dados de entrada como dos dados de estado anteriores. A fase de entrada é opcional, uma vez que um fio pode ser activado por um mecanismo de temporização e não pode utilizar dados externos na fase de processamento. No entanto, a ordenação das fases de entrada, processamento e saída deve ser preservada. Um fio que executa entradas e saídas durante a fase de processamento não está em conformidade e não pode ser tornado tolerante a falhas utilizando esta estrutura.

A Figura 5.2 apresenta um exemplo de um fio candidato à implementação de tolerância a falhas. Neste exemplo, *ExampleThread* corre ciclicamente, lendo mensagens de um objecto *IncommingMessageAdministrator*, que consiste numa caixa de correio para mensagens da classe *Msg*. O método *do processo* é executado a seguir, e implementa algum algoritmo de computação usando dados da mensagem recebida e possivelmente de um estado interno (atributos não mostrados). Finalmente, o método de saída prepara a mensagem de saída e envia-a localmente e através da rede, utilizando a string "exemploResultado" como assunto.

```
classe ExampleThread : público Thread {
  Msg* recMsg;
  Msg outMsg;
  IncommingMessageAdministrador<Msg,20> inMessages; público:
  ExemploTópico(){ ... // init code}

  execução nula () {
```

```
    enquanto(1) {
      recMsg = inMessages.receive();
      processo();
      saída();
    }
  }

  processo nulo(){
     ... // utiliza dados msg e dados de estado
  }

  saída nula(){
     ... // prepara a mensagem de saída
     outMsg.send("exemploResultado");
  }
};
```

Figura 5.2: Exemplo de fio candidato para implementação de FT.

O modelo de fio explicado acima é geralmente adoptado na concepção de sistemas tolerantes a falhas [7, 101]. Os fios neste modelo comportam-se como máquinas de estado, recebendo eventos/dados como entradas e, em consequência, alterando o seu estado interno e enviando eventos/dados como saídas. Os fios FT não estão autorizados a interagir com outros fios ou a realizar qualquer entrada/saída durante a fase de processamento.

5.3 Descrição geral do quadro

Nesta secção, o quadro de tolerância a falhas será descrito na perspectiva do programador da aplicação. A abordagem de descrição baseia-se na apresentação de como a estrutura pode ser utilizada para modificar um fio de aplicação existente não tolerante a falhas para o tornar tolerante a falhas. O fio de aplicação original não tolerante a falhas deve estar em conformidade com o modelo de fio tolerante a falhas apresentado na secção anterior.

5.3.1 Estrutura de enquadramento

A figura 5.3 mostra um diagrama de classes simplificado da estrutura FT. Um tópico de aplicação tolerante a falhas (por exemplo, *FTApplicationThread)* deve herdar da classe *FTThread* e seleccionar um objecto *FTStrategy* que irá implementar a funcionalidade de tolerância a falhas. Três estratégias FT foram implementadas: RB, DRB e NVP, mas outras podem ser desenvolvidas e integradas na estrutura.

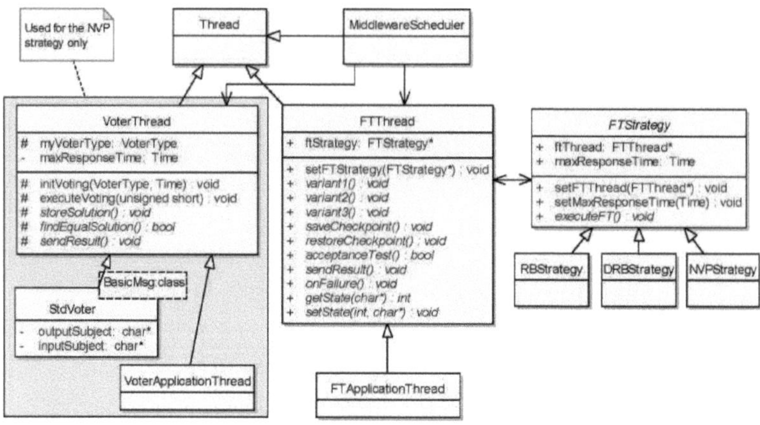

Figura 5.3: Diagrama de classes de enquadramento FT simplificado.

Diferentemente das estruturas de software apresentadas na Secção 2.10, onde as variantes e os adjudicatários são representados por classes, aqui estas funcionalidades são implementadas como métodos da hierarquia *FTThread*. A classe *FTThread* declara várias funções virtuais que devem ser implementadas pela aplicação FTThread, dependendo da estratégia FT seleccionada, tais como variantes de software, funções de suporte de checkpointing e o teste de aceitação. Esta abordagem tem várias vantagens: (a) simplifica a estrutura da classe de enquadramento; (b) permite o acesso directo destes procedimentos aos atributos de classe definidos pelo thread da aplicação; e (c) reduz o tempo de execução e os custos de memória.

A classe *VoterThread* apoia o desenvolvimento dos eleitores, que são exigidos pela estratégia NVP. Um tópico de aplicação do eleitor (por exemplo, *VoterApplicationThread)* deve herdar do *VoterThread* e definir algumas funções virtuais, tais como *fmdEqualSolution.* Adicionalmente, é fornecida uma classe de eleitores padrão *(StdVoter).* Este tópico pré-definido do eleitor fornece votação exacta (comparação bit a bit) quando tanto as entradas como as saídas são implementadas através da passagem de mensagens.

A classe MiddlewareScheduler (MS) controla todos os fios de FT e de eleitores. Este fio procura periodicamente os fios FT/voter activos e executa parte do algoritmo de controlo necessário. Além disso, este tópico desencadeia mensagens periódicas de middleware para realizar definições de funções e sincronização do estado do tópico.

5.3.2 Introdução à tolerância a falhas

As modificações necessárias para fazer um fio de aplicação tolerante a falhas incluem:

*   Instanciação e registo de um objecto *FTStrategy* que implementará a estratégia de tolerância a falhas desejada, como RB, DRB ou NVP.

*   Execução do método *executeFT* do objecto *FTStrategy* após a activação do fio.

*   Implementação de métodos específicos de aplicação relacionados com a estratégia de tolerância a falhas seleccionada (como o teste de aceitação em RB e DRB). Alguns deles consistem em novas funcionalidades, mas outros conterão o código originalmente definido nos métodos de processamento e de saída.

A Figura 5.4 mostra um exemplo de implementação tolerante a falhas para *ExampleThread* da Figura 5.2, utilizando a estratégia DRB. As principais diferenças entre esta versão e o código original na Figura 5.2 são destacadas. O thread da aplicação herda agora da classe *FTThread*, em vez da classe *Thread*. Uma estratégia *FTStrategy* concreta é instanciada como uma *estratégia DRBStrategy (myDRB)*. No construtor da classe, o tempo máximo de resposta para execução é definido para 20.000 microssegundos e o método *setFTStrategy* é chamado, atribuindo o endereço do objecto da *estratégia DRBS ao* ponteiro *da estratégia ftStrategy* (ver Figura 5.3). No método *run, o processo* original e os métodos de *saída* são substituídos por uma chamada para o *método executeFTmethod* da classe *FTStrategy*. Este método é responsável pela execução da estratégia específica e pela activação dos métodos específicos da aplicação definidos no fio da aplicação, como por exemplo, *variante1* (bloco primário) e *acceptanceTest*. Alguns destes métodos correspondem a implementações originais, mas outros, como a *variante2* (bloco de recuperação) e o saveCheckpoint devem ser definidos para permitir a execução da estratégia DRB.

Neste exemplo, *ExampleThread* é stateless; caso contrário, *FTExampleThread* deve também implementar os métodos *getState* e *setState*. Estes métodos são necessários para fornecer inicialização de estado entre o nó primário e o nó sombra no DRB. Nenhum destes métodos é necessário na versão original, uma vez que apenas uma instância *ExampleThread* corre num único nó.

```
classe FTExampleThread : público FTThread {

    A estratégia DRBStrategy myDRB;
    Msg* recMsg;
    Msg outMsg;
    IncommingMessageAdministrador<Msg, 20> inMessages; público:

    FTExampleThread(){ ... // init code
      myDRB.setMaxResponseTime(20000); setFTStrategy(& myDRB);
```

```
    }

execução nula () { while(1) {
    recMsg = inMessages.receive(); ftStrategy-> executeFT();
  }
}

variante nula1(){
    ... // mesmo código do método de processo original }

sendResultado nulo(){
    ... // mesmo código do método de saída original
}
// a definir
variante nula2(){ ... }
nulo saveCheckpoint(){ ... }
void restoreCheckpoint(){ ... }
bool acceptanceTest(){ ... }
};
```

Figura 5.4: Exemplo de linha de aplicação FT.

5.3.3 Entidades específicas da aplicação

Cada instanciação e utilização da estratégia FT exige a definição de atributos estratégicos e comportamento específico da aplicação. Estes requisitos estão resumidos na Tabela 5.1, Tabela 5.2 e Tabela 5.3. A Tabela 5.1 apresenta os requisitos para software de versão múltipla, Tabela 5.2 para software de versão única e Tabela 5.3 para eleitores.

As estratégias de versão única utilizam as mesmas classes *FTStrategy* utilizadas para software de versão múltipla, mas não implementam a sua plena funcionalidade. Se algum tópico de aplicação não implementar um determinado método, uma implementação por defeito é herdada. Por exemplo, a implementação por defeito para *guardar/restaurarCheckpoint* está vazia e para *aceitaçãoTest* é para retornar verdadeiro (sucesso).

Tabela 5.1: Requisitos de estratégias de versões múltiplas.

Requisitos de definição		RB	DRB	NVP
Entidade	**Tipo**			
Estratégia FT	objecto	Estratégia RBSt	Estratégia	NVPStrategy
Tempo de resposta	parâmetro	Sim	Sim	Sim
variante 1	método	Sim	Sim	Sim
variante 2	método	Sim	Sim	Sim
variante 3	método	-	-	Sim
saveCheckpoint	método	Sim	Sim	-
restoreCheckpoint	método	Sim	Sim	-
acceptanceTest	método	Sim	Sim	-
sendResultado	método	Sim	Sim	Sim
onFailure	método	Opcional	Opcional	Opcional
Linha do eleitor	objecto	-	-	Sim
getState	método	-	apenas os fios do estado	apenas os fios do estado

setState	método	-	apenas os fios do estado	apenas os fios do estado

Tabela 5.2: Requisitos de estratégias de versão única.

Requisitos de definição		Reiniciar	Ponto de controlo e	PSP	TMR
Entidade	Tipo				
Estratégia FT	objecto	Estratégia RBSt	Estratégia RBSt	Estratégia	NVPStrategy
Tempo de resposta	parâmetro	Sim	Sim	Sim	Sim
variante 1	método	Sim	Sim	Sim	Sim
variante 2	método	-	-	-	-
variante 3	método	-	-	-	-
saveCheckpoint	método	-	Sim	Sim	-
restoreCheckpoint	método	-	Sim	Sim	-
acceptanceTest	método	-	Sim	Sim	-
sendResultado	método	Sim	Sim	Sim	Sim
onFailure	método	Opcional	Opcional	Opcional	Opcional
Linha do eleitor	objecto	-	-	-	Sim
getState	método	-	-	apenas os fios do estado	apenas os fios do estado
setState	método	-	-	apenas os fios do estado	apenas os fios do estado

Quadro 5.3: Requisitos dos eleitores.

Requisitos de definição		Eleitor Específico de Aplicação	Votante Standard (StdVoter)
Entidade	Tipo		
Nome do fio	parâmetro	Sim	Sim
Método de coordenação	parâmetro	Sim	Sim
Tempo de resposta	parâmetro	Sim	Sim
Tema de entrada	parâmetro	-	Sim
Assunto de saída	parâmetro	-	Sim
storeSolution	método	Sim	-
findEqual Solution	método	Sim	-
sendResultado	método	Sim	-

A versão mais simples da estratégia FT é a estratégia Restart. Nesta técnica, apenas uma variante é definida, e o teste de aceitação não é implementado. Por conseguinte, o único mecanismo de detecção de erros possível é a expiração do prazo, que é definido pelo parâmetro *Tempo de resposta*. A estratégia Checkpoint e Restart pode ser implementada como uma simplificação da versão única da estratégia RB. Neste caso, apenas uma variante real é definida, e o corpo da *variante2* deve conter uma chamada para o método *variantl*. De forma semelhante, a PSP é implementada com a estratégia DRB e a TMR com a estratégia NVP.

O método *onFailure* da Tabela 5.1 e da Tabela 5.2 é sempre opcional. Pode ser utilizado para definir mecanismos de tratamento de falhas dependentes da aplicação quando ocorre uma falha na execução da estratégia. Após a execução do código definido no método *onFailure*, o fio será reiniciado pelo sistema operativo.

A tabela 5.3 mostra os requisitos para os tópicos de votação. Estes tópicos só são necessários quando se utiliza TMR ou NVP. No caso geral, um eleitor é específico da aplicação e este tópico deve implementar os métodos *VoterThread* mostrados na Tabela 5.3. O parâmetro

Método de Coordenação define se todos os eleitores réplicas executarão o método *sendResult* ou se apenas um eleitor mestre o fará. A definição do eleitor principal numa votação coordenada é executada pela estrutura FT. O *tempo de resposta* de um votante é o tempo máximo permitido para um ciclo de votação. Um ciclo começa quando o votante recebe a primeira solução. Os eleitores tentam encontrar uma correspondência entre duas soluções (2 em 3), mas se apenas uma solução for recebida e o período do ciclo de votação tiver terminado, essa solução é considerada correcta e é enviada como resultado.

Na Tabela 5.3, a coluna rotulada "Standard Voter" lista os requisitos para a inicialização de objectos *StdVoter*. Esta classe fornece votação exacta usando mensagens para receber soluções e enviar os resultados. Usando este eleitor padrão, devem ser definidos outros parâmetros, como o assunto das mensagens de entrada e saída.

5.4 Implementação geral do quadro

Esta secção descreve a implementação geral do quadro de FT, que consiste em padrões e mecanismos utilizados em todo o desenvolvimento de estratégias de FT.

5.4.1 Comportamento temporal

O fio *MiddlewareScheduler* (MS) é executado no início de cada intervalo de relógio (por exemplo 1ms; ver Secção 4.2.1) e controla o comportamento e execução de cada fio FT e do eleitor. Além disso, este tópico é também responsável pela activação do tópico de middleware que entrega mensagens externas de entrada.

A Figura 5.5 mostra um exemplo da execução de uma estratégia de Blocos de Recuperação (RB). O fio MS corre periodicamente e liberta o fio de recepção de mensagens em cada dois períodos de activação. O fio de recepção da mensagem não é executado em cada ciclo, a fim de reduzir a utilização da CPU e de fornecer pelo menos um ciclo em dois para a execução livre de fios FT. No primeiro ciclo, o *tópico FTThread* recebe uma mensagem e inicia a execução do FT. Este exemplo mostra uma falha no bloco primário e um sucesso no bloco de recuperação.

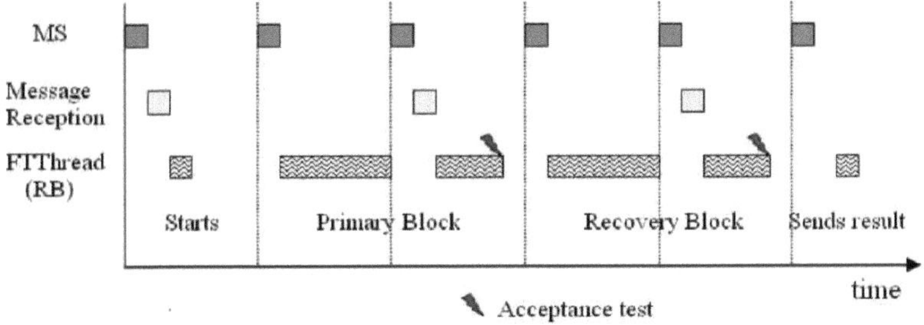

Figura 5.5: Exemplo de tempo de execução do RB.

A Figura 5.6 contém um diagrama de actividade que mostra a interacção entre o *FTThread* e o fio *MiddlewareScheduler* na execução da estratégia do RB. Após ser activado, um fio FT estabelece um prazo para a execução, com base no tempo real e no tempo de resposta máximo permitido, o fio suspende. Em subsequentes activações MS, este tópico reinicia o *FTThread* se o prazo tiver expirado. Esta situação representa uma falha na entrega da resposta correcta no prazo, mas após reiniciar o *FTThread* está pronto para receber o próximo pedido. Se o prazo não tiver expirado, o segmento MS comanda as acções seguintes a serem executadas pelo segmento *FTThread* e programa-o para execução. Após executar as operações correctas (guardar/restaurar estado, executar bloco primário/recuperação, executar teste de aceitação) o fio RB suspende novamente e o fio MS verifica o resultado do teste de aceitação (AT). Se o *fio FTThread* tiver êxito no AT, o fio MS permite-lhe enviar os seus resultados e a interacção termina. Se a *rosca FTThread* falhar em ambos os blocos, é reiniciada pela rosca MS.

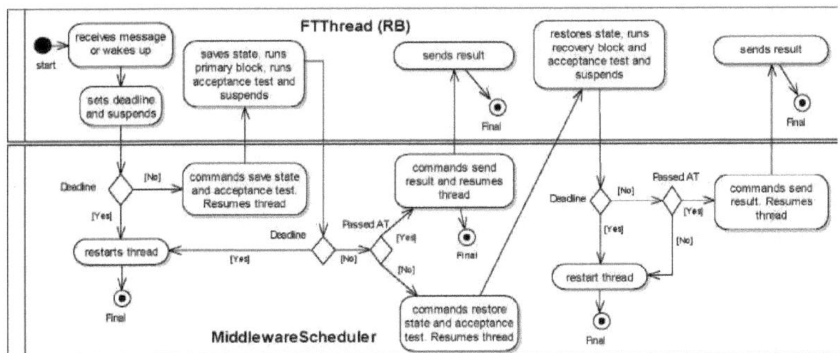

Figura 5.6: Diagrama de actividade de execução RB.

5.4.2 Estrutura de classe

Qualquer estratégia FT é executada no contexto de dois fios separados: o *fio FTthread* e o fio *MiddlewareScheduler*. O *FTThread* executa métodos em resposta ao algoritmo de controlo executado pelo fio *MiddlewareScheduler*. No entanto, todo o código relacionado com uma dada estratégia FT é definido pela sua classe de betão *FTStrategy*. A Figura 5.7 mostra um diagrama de classes que descreve os principais métodos envolvidos na execução de uma estratégia de FT.

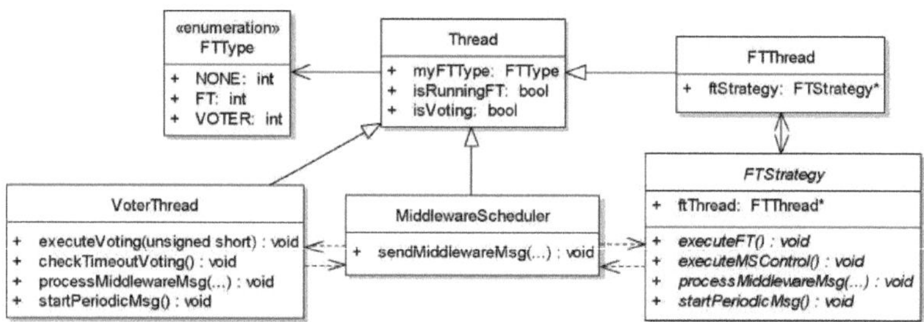

Figura 5.7: Diagrama de classes de execução da estratégia FT.

Cada subclasse *FTStrategy* deve implementar o método *executeFT*, que executa o algoritmo de controlo FT que corre no contexto do fio FT (parte superior da Figura 5.6, excluindo a recepção de mensagens). Deve também implementar o método *executeMSControl*, que executa o algoritmo de controlo MS para essa estratégia (parte inferior da Figura 5.6). Usando esta abordagem, a classe *MiddlewareScheduler* não depende de qualquer implementação da estratégia FT, e as estratégias FT podem ser acrescentadas ao quadro de forma transparente.

O fio MS controla a execução dos fios dos eleitores de forma semelhante. No entanto, o controlo da EM é mais simples, uma vez que só tem de detectar se o prazo de votação já expirou. O método *executeVoting* é executado pelo *VoterThread,* enquanto que o método *checkTimeoutVoting* é chamado pelo tópico MS.

Em contraste com a estratégia de RB apresentada até agora, outras estratégias de FT envolvem a utilização de múltiplas instâncias do fio FT, funcionando em diferentes nós. Estes fios FT têm de comunicar a fim de coordenar, estabelecer papéis e inicializar estados. Neste contexto, a comunicação necessária entre os fios FT é executada através da passagem de mensagens entre os fios *MiddlewareScheduler* de cada nó. Se um tópico FT precisa de enviar uma mensagem, chama o método *sendMiddlewareMessage* da EM. A mensagem de envio é transmitida a todos os outros nós e os seus tópicos de MS irão distribuí-la aos tópicos FT relacionados nos seus nós, se existirem, chamando o método *ProcessMiddlewareMessage* da estratégia FT correspondente. O mesmo se aplica a *VoterThreads* que podem comunicar utilizando os mesmos métodos descritos acima.

Outra característica executada pela *MiddlewareScheduler* é a activação do *startPeriodicMsg* da FTStrategy e *VoterThreads* periodicamente (por exemplo, 300ms), a fim de desencadear a execução de tarefas periódicas como, por exemplo, a detecção de conflitos de papéis na estratégia DRB.

Finalmente, o fio *MiddlewareScheduler* é responsável pela alteração das prioridades dos fios FT de acordo com a programação do Primeiro Prazo Primeiro (EDF). Por conseguinte, em cada activação dos EM é encontrado o fio FT com o prazo mais curto e a sua prioridade é elevada ao máximo entre os fios de aplicação. Esta funcionalidade pode ser activada ou desactivada no quadro.

A figura 5.8 contém um diagrama de sequência que descreve as actividades realizadas pelo *MiddlewareScheduler* cada vez que este funciona. Primeiro lê mensagens provenientes de outros objectos *MiddlewareScheduler* em outros nós. Estas mensagens são enviadas por

FTThreads e *VoterThreads* e devem ser entregues a objectos internos do mesmo tipo e nome, se existirem. Portanto, o *MiddlewareScheduler* verifica se existe algum fio local com o nome recebido na mensagem recebida. Se existir, determina se é um tópico FT ou votante, com base no atributo *myFTType* da classe Thread, e chama o método *processMiddlewareMsg* da classe relacionada *(FTStrategy* ou *VoterThread)*. Em seguida, se um número predefinido de activações *MiddlewareScheduler* tiver sido executado; mensagens periódicas de tópicos FT e eleitores são accionadas, usando o método *startPeriodicMsg*. Finalmente, o algoritmo de controlo dos threads FT activos é executado através da execução do método *executeMSControl*. Da mesma forma, os EM verificam o tempo limite para os tópicos de votação activa, chamando o método *checkTimeoutVoting. Os* tópicos FT activos e os eleitores são representados por um valor verdadeiro nos atributos *isRunningFT* e *isVoting* Boolean da classe Thread.

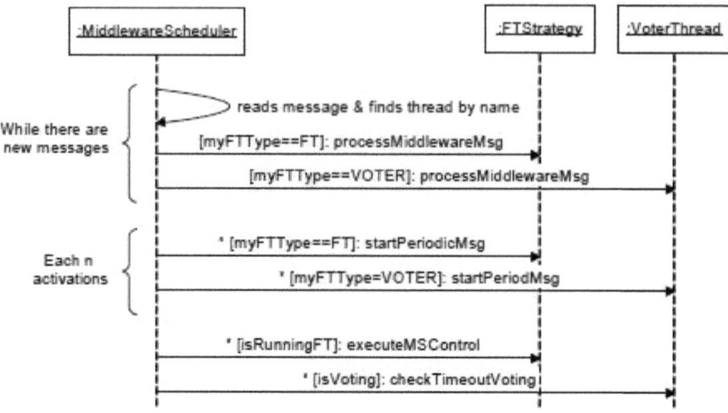

Figura 5.8: Diagrama de sequência de fios *MiddewareScheduler*.

A Figura 5.8 não representa a programação de linhas FT, mas esta operação é realizada, se seleccionada, no final de cada activação dos EM.

5.5 Implementação de estratégias de FT

Esta secção descreve a implementação das estratégias de tolerância a falhas que foram fornecidas pelo quadro de FT: RB, DRB e NVP. Estas estratégias são descritas na Secção 2.8. A implementação de uma estratégia de FT consiste basicamente no desenvolvimento de uma classe de *FTStrategy* que contém o algoritmo realizado pela técnica FT. Cada estratégia pode também definir algoritmos para a definição de papéis e coordenação do estado. A implementação destas operações é suportada pelo fio *MiddlewareScheduler*, tal como apresentado na secção anterior.

5.5.1 Estratégia de blocos de recuperação

A estratégia de blocos de recuperação (RB), descrita na Secção 2.8.2, consiste na execução sequencial de variantes de software, ou alternados, utilizando um teste de aceitação como adjudicatário. A implementação de RB neste quadro é limitada a duas variantes de software porque é a configuração mínima que é capaz de tolerar uma falha activa. A utilização de mais variantes de software exigiria esforços de desenvolvimento adicionais e aumentaria o consumo de memória.

A Figura 5.9 mostra um diagrama de classes que apresenta apenas classes, atributos e métodos directamente relacionados com a operação da estratégia RB. A técnica dos Blocos de Recuperação é implementada pela classe da *estratégia RBStrategy*. Esta classe deriva da *estratégia FTStrategy* e implementa o método *executeFT*, que define o comportamento do fio FT, e o método *executeMSControl*, que define o comportamento do fio *MiddlewareScheduler*. Outras funções virtuais definidas no *FTStrategy* não são implementadas, uma vez que esta estratégia corre num único nó e não envia mensagens para outras réplicas. O atributo *waitingForMS* é utilizado para indicar ao segmento MS que o segmento FT está à espera de mais comandos. O atributo *aprovadoAT* contém o resultado do último teste de aceitação e é utilizado pelos EM para definir os comandos seguintes. Estes comandos são emitidos através dos seguintes atributos de classe: *tryBlock*, que define a próxima variante a executar e *mustSendResult*, que define se um resultado pode ser enviado. Um exemplo da execução da estratégia RB foi mostrado na Figura 5.5 e a coordenação entre o segmento FT e a EM foi mostrada na Figura 5.6.

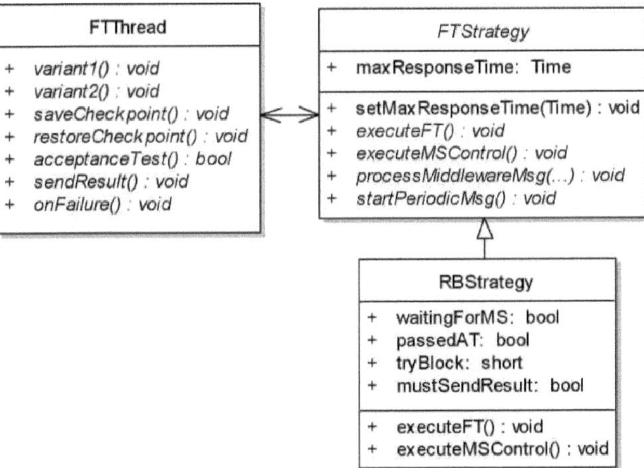

Figura 5.9: Diagrama de classes estratégicas RB.

A execução da estratégia do OR é apresentada na Figura 5.10. São aplicadas duas versões de software ou alternativas, definidas pelos métodos *variant1* e *variant2*. O ponto de entrada é a execução do método *executeFT* da *estratégia RBStrategy,* que estabelece o prazo com base no atributo *maxResponseTime* e suspende. O EM retoma o tópico FT, que depois executa o checkpointing *(*método *saveCheckpoint)*, o bloco primário (método *variant1)*, e o teste de aceitação (método *acceptanceTest)*; depois disso, o tópico FT é novamente suspenso. Na activação seguinte, o MS verifica o resultado AT e, se tiver êxito, comanda a execução do método *sendResult* e termina a operação de estratégia. Caso contrário, comandará a restauração do ponto de verificação (método *restoreCheckpoint*), a execução de um bloco alternativo (método *variante2*), e a reexecução do teste de aceitação. Se ambas as execuções de variantes falharem no teste de aceitação, ou se a expiração do prazo for detectada pela linha MS, não serão enviados quaisquer resultados e o método *onFailure* será chamado (ver descrição na secção 5.3.3). Após o regresso do método *onFailure*, o fio será reiniciado.

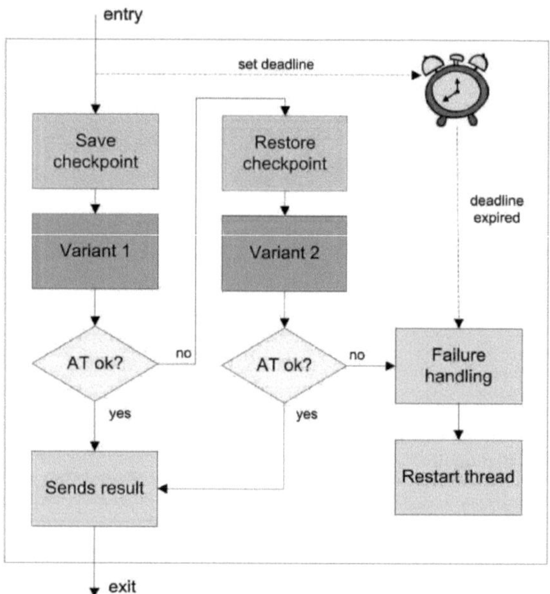

Figura 5.10: Execução da estratégia RB.

O parâmetro de tempo máximo de resposta *(maxResponseTime)* deve incluir o tempo extra necessário para executar a segunda variante se a primeira variante falhar. O valor mínimo para este parâmetro é igual a três vezes o intervalo de tempo de resposta, como mostrado na Figura 5.11, em que o intervalo de tempo de resposta é representado por 20 unidades de tempo. No primeiro período, a linha FT apenas fixa o prazo, no segundo período executa a primeira variante, e no terceiro período executa a segunda variante. Quando o segmento FT envia os resultados, a verificação do prazo já está desactivada.

O mecanismo de verificação é dependente da aplicação e deve guardar todas as variáveis estáticas, variáveis globais e atributos de classe que podem ser modificados pela primeira variante, a fim de serem restaurados aos seus valores originais antes de executar a segunda variante. Isto pode incluir dados de estado e dados de entrada que são sobrescritos durante o processo de cálculo (ver Figura 5.1). As variáveis locais não estáticas e as variáveis inicializadas pelas variantes de software não precisam de ser guardadas. Para threads sem estado com dados de entrada não modificados não é necessário qualquer ponto de verificação, e a thread da aplicação pode utilizar a implementação vazia padrão definida na classe *FTThread*. O teste de aceitação, implementado pelo método *acceptanceTest*, é também dependente da aplicação e deve retornar verdadeiro em caso de sucesso e falso em caso de falha. A implementação por defeito deste método retorna verdadeiro.

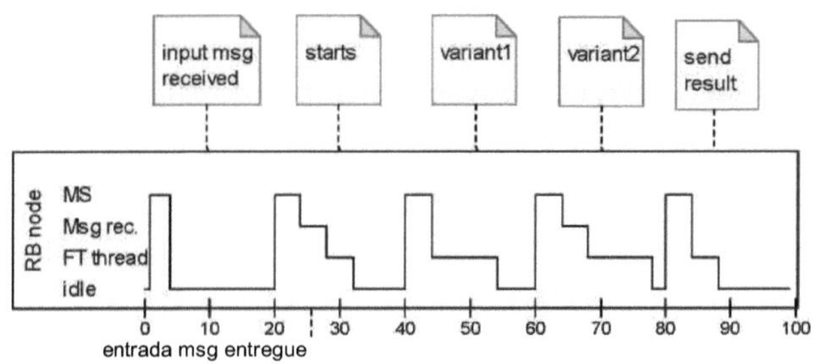

Figura 5.11: Exemplo de tempo RB.

A classe *RBStrategy* também pode ser aplicada para implementar técnicas de software de versão única, como descrito na Tabela 5.2. A estratégia Checkpoint e Restart só difere da RB porque a segunda variante é igual à primeira. Portanto, a implementação do método *variante2* deve consistir numa chamada para o método *variantl*. Como discutido na Secção 2.8.1, a estratégia Checkpoint and Restart tem uma capacidade limitada de tolerância a falhas de software.

A estratégia de Reiniciar é a configuração mais simples. Nessa estratégia, o método padrão de *aceitaçãoTeste que* utilizou, e portanto, o único mecanismo de detecção de erros é a expiração do prazo, o que provoca um reinício do fio. Apesar de recuperar o fio defeituoso e permitir-lhe responder a novas activações, esta estratégia não pode evitar falhas.

A estratégia de RB aqui descrita baseia-se na execução sequencial num único nó. Por conseguinte, não são fornecidos mecanismos de consistência de estado. No entanto, é possível implementar configurações tolerantes a falhas aplicando múltiplas réplicas de fios RB, se estes fios forem sem estado, como mostrado na Figura 5.12.

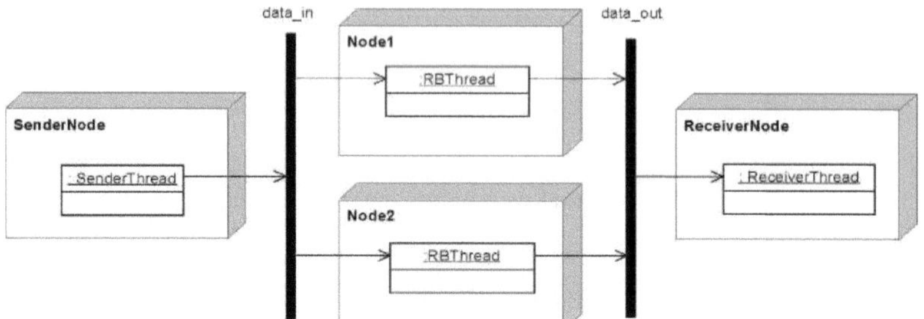

Figura 5.12: Exemplo de configuração de roscas RB Stateless.

Nesta configuração, ambos os *RBThreads* recebem mensagens com a string "data_in" como assunto do *SenderThread,* e enviam os seus resultados numa mensagem com a string "data_out" como assunto. O *ReceptorThread* subscreve mensagens "data_out" mas define a opção de descartar mensagens duplicadas (ver Secção 4.4.1). Portanto, apenas a primeira mensagem do *RBThreads* será entregue. A estratégia RB fornece tolerância a falhas de software enquanto que a sua execução redundante fornece tolerância a falhas de hardware. Se os fios *RBThreads* não fossem sem estado, as mensagens de saída dos dois *RBThreads* divergiriam em caso de falha num deles.

5.5.2 Estratégia de blocos de recuperação distribuídos

A estratégia de blocos de recuperação distribuídos (DRB), descrita na Secção 2.8.3, coordena a execução de dois fios do tipo RB em nós distintos, utilizando uma configuração primária/sombra, na qual apenas o fio primário envia os seus resultados. Embora não definida pela estratégia DRB [64], a implementação de DRB neste quadro fornece um mecanismo para manter a coerência de estado entre réplicas, a fim de apoiar os fios de estado.

A Figura 5.13 mostra um diagrama de classes que apresenta apenas classes, atributos e métodos directamente relacionados com a operação da estratégia DRB. A técnica DRB é implementada pela classe *DRBStrategy*, que deriva da *FTStrategy.* As diferenças de estrutura de classe da *estratégia RBSt* para a *estratégia DRBSt* são:

- *DRBStrategy* implementa o método *ProcessMiddlewareMsg* para tratar as mensagens recebidas das outras réplicas.

- *A estratégia DRBStrategy* implementa o método *startPeriodicMsg* para desencadear a transmissão de mensagens utilizadas para detectar conflitos de papéis entre réplicas.

- *A estratégia DRBStrategy* contém um objecto de enumeração chamado *myDRBRBRole* para definir o papel do fio: primário ou sombra.

- *DRBStrategy* utiliza os atributos *isPrimaryDone* e *isShadowDone* para controlar se os fios primário e sombra foram bem sucedidos no teste de aceitação.

- *A estratégia DRBStrategy* utiliza os atributos *isFirstActivation* e *hasFinishedInitialization* para apoiar a implementação da iniciação do estado.

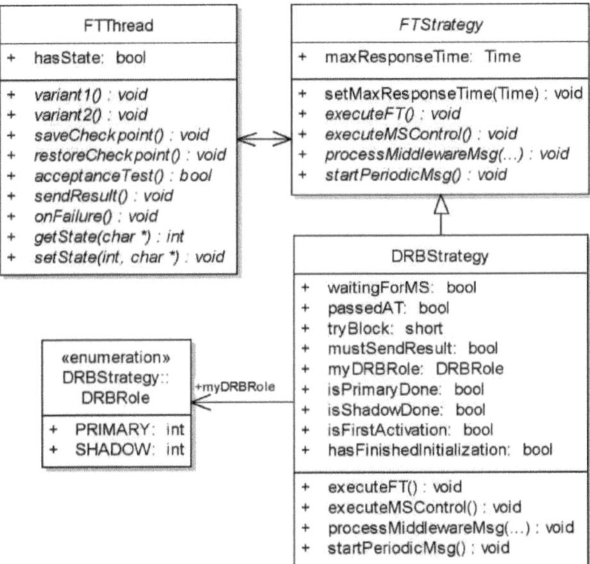

Figura 5.13: Diagrama de classes de estratégia DRB.

A execução da *estratégia DRBStrategy* é apresentada na Figura 5.14. A *variante1* é executada como bloco primário e a *variante2* como alternativa. O fio de sombra corre estas variantes na ordem inversa.

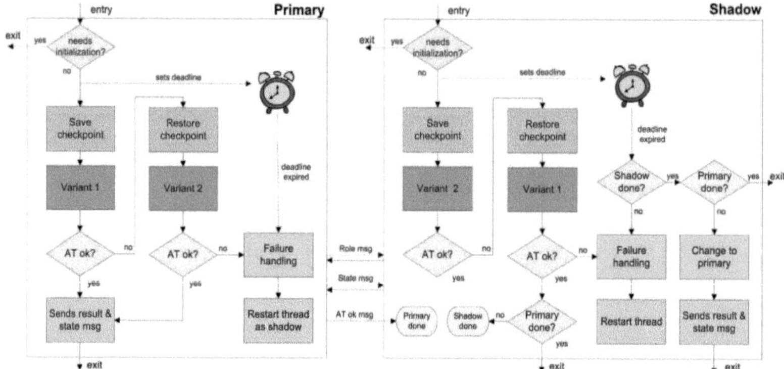

Figura 5.14: Execução da estratégia DRB.

No ponto de entrada, o tópico verifica a necessidade de inicialização do estado com base no atributo *hasState* do *FTThread* e no atributo *isFirstActivation* do *DRBStrategy,* que é reiniciado no arranque. Se a inicialização do estado for necessária, o thread aborta a operação e só será executado na próxima activação. Entretanto, deve ser recebida uma mensagem de estado de um tópico DRB previamente inicializado. Se esta mensagem não for recebida, a linha assume que nenhum outro nó foi executado anteriormente, e portanto os valores de inicialização por defeito são tomados. Em ambos os casos, o prazo é estabelecido e o tópico começa a sua execução normal semelhante à do RB.

Existem diferentes algoritmos de controlo para os fios DRB primários e sombra. Um fio primário executa como se estivesse sozinho, de forma semelhante à execução da estratégia RB mostrada na Figura 5.10. No entanto, se falhar o prazo, será reiniciado como um fio de sombra. Adicionalmente, um fio primário envia uma mensagem indicando o sucesso no teste de aceitação, e também uma mensagem de estado logo após o envio dos seus resultados.

O fio de sombra comporta-se de forma diferente, pois deve executar a segunda variante, realizar o teste de aceitação, e aguardar a mensagem de teste de aceitação do fio primário. Nesta implementação, o tempo de espera desta mensagem é igual ao prazo de execução. Portanto, quando este prazo expira, o fio MS no nó sombra verifica as variáveis *isPrimaryDone* e *isShadowDone* para decidir um dos resultados possíveis:

- sair silenciosamente da execução da sombra, se ambos os fios tiverem sido bem sucedidos;

- reiniciar o fio de sombra, se este tiver falhado; ou

- alterar o papel do fio-sombra para primário e permitir-lhe enviar os seus resultados, se apenas a primeira primária falhou.

Como mostrado na Figura 5.14, são trocados três tipos de mensagens entre réplicas de DRB:

- **Mensagem de sucesso**: esta mensagem é gerada pelo fio primário para informar o fio sombra sobre o sucesso na execução de um teste de aceitação.

- **Mensagem de estado**: esta mensagem contém dados de estado necessários para inicializar um fio de estado. O método *getState* do *FTThread* deve ser implementado para os tópicos de estado. Este método seraliza os dados de estado que são reunidos na mensagem de estado. O valor de retorno de *getState* é o tamanho dos dados de estado. No lado receptor, o método *setState* desserializa estes dados para as variáveis adequadas. Um fio FT sem estado não deve implementar os métodos *getState* e *setState.* Nesse caso, a implementação padrão do *getState* retornará zero como tamanho de dados de estado, o que irá definir o atributo *hasState* do *FTThread* como falso. Isto é conseguido apenas no momento da inicialização.

- **Mensagem de papel:** esta mensagem é enviada periodicamente pelos nós primário e sombra para permitir a detecção e correcção de conflitos de papéis (definições primário/sombra). O fio receptor verifica se a outra réplica de papel é igual à sua própria, e se assim for, executa um algoritmo de resolução de conflitos de papel baseado no número de identificação do nó (ver Secção 4.4.2). A prioridade utilizada nos conflitos de funções é inversamente proporcional ao número de identificação do nó. Um fio DRB começa sempre a ser executado como sombra e, portanto, dois fios DRB que começam ao mesmo tempo, terão a mesma função. Esta situação será corrigida assim que o fio de prioridade mais alta receber a primeira mensagem de papel do fio de prioridade mais baixa, e muda o seu papel para primário. O período da mensagem de papel é definido pelo MiddlewareScheduler, tal como descrito na Secção 5.4.2. Outra situação de conflito de papéis ocorre quando tanto o fio primário como o fio sombra falham, e consequentemente são reiniciados como fio sombra.

A Figura 5.15 mostra um exemplo de configuração de estratégia DRB semelhante ao apresentado na Figura 5.12 para a estratégia RB. Esta configuração utiliza mensagens de middleware com o assunto "FTStatus" para enviar mensagens de papel, estado e AT de sucesso, como explicado acima. Note-se que apenas o *DRBThread* primário envia os seus resultados para o *Thread Receptor*.

O valor mínimo do tempo máximo de resposta (parâmetro *maxResponseTime*) na estratégia DRB depende de muitos factores, tais como o tempo de transmissão da mensagem desde o nó primário até ao nó sombra. A Figura 5.16 mostra um diagrama de tempo que apresenta a pior situação, em que o nó primário começa a executar após o nó sombra e falha na execução da primeira variante. Nesta figura, um intervalo de relógio é representado por dez unidades de tempo.

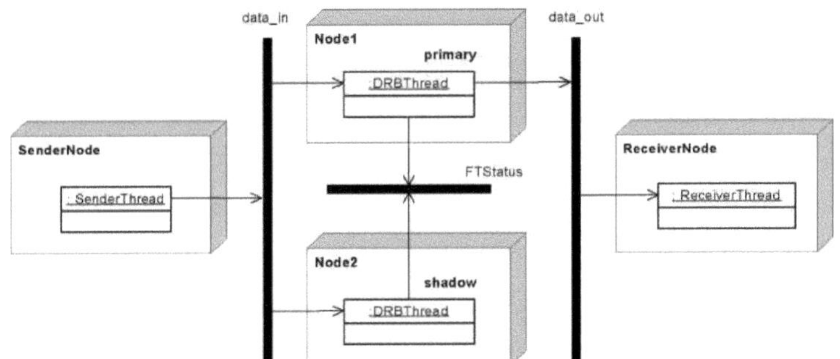

Figura 5.15: Exemplo de configuração da estratégia DRB.

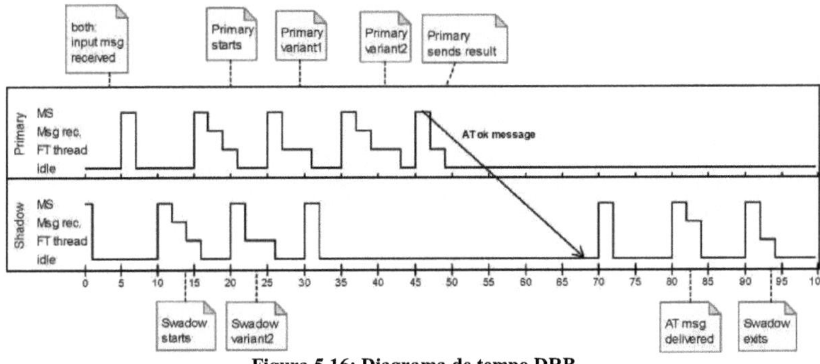

Figura 5.16: Diagrama de tempo DRB.

Se considerarmos um pequeno tempo de computação para cada variante de execução e o pior tempo possível entre nós, uma vez que não estão sincronizados, os seguintes atrasos de tempo devem ser considerados:

- Diferença entre as horas de início dos fios DRB. A hora de início de cada linha depende da entrega da mensagem de entrada às linhas FT, o que acontece uma vez em cada duas activações de MS. Na pior das hipóteses, a diferença de tempo entre as activações dos fios FT é igual a dois intervalos de relógio (**2 Ack**).

- Tempo de execução do fio primário DRB. Se o tempo de cálculo das variantes for pequeno (por exemplo, metade de um intervalo de tick do relógio), o tempo total de execução, excluindo o tempo gasto no envio dos resultados, é igual a três intervalos de tick do relógio (**3 Ack**).

- Tempo de transmissão da mensagem. Este é o atraso na transmissão da mensagem de sucesso da AT entre o nó primário e o nó sombra. Este tempo é chamado **AM**.

- Prazo de entrega de mensagens. Este é o tempo entre a recepção de uma mensagem no nó sombra e a sua entrega na caixa de correio de linha MS. Na pior das hipóteses, este atraso é igual a dois intervalos de relógio (**2 Ack**).

- Atraso na saída das sombras. Este é o tempo gasto desde a entrega da mensagem à caixa de correio MS até ao momento em que o tópico FT corre novamente depois desta mensagem AT ser lida pelo tópico MS. Este atraso é cerca de um intervalo de relógio (**Ack**).

A soma de todos os atrasos acima descritos é igual a **8 Ack** + $_{AM}$. Isto representa o valor mínimo de *MaxResponseTime* para execução DRB. Por exemplo, se o intervalo do relógio for de 2 ms, e o atraso de transmissão da rede for de 10 ms, então o *maxResponseTime* deve ser de pelo menos 26 ms.

A classe *DRBStrategy* pode ser aplicada para implementar a técnica do software de versão única PSP, tal como descrito na Tabela 5.2. Nesse caso, a implementação da *variante2* deve chamar o método *variantl*. Como explicado na Secção 2.8.3, esta configuração tem uma capacidade limitada de tolerância a falhas de software, mas é eficaz contra falhas de hardware permanentes e transitórias.

5.5.3 N-Version Estratégia de programação

A estratégia de Programação N-Versão (NVP), descrita na Secção 2.8.4, consiste na execução simultânea de variantes de software seguidas de um mecanismo de decisão, geralmente implementado por votação por maioria. A implementação de NVP neste quadro é limitada a três variantes de software porque é a configuração mínima necessária para mascarar uma falha activa. A utilização de mais versões de software exigiria recursos adicionais de hardware que normalmente não estão disponíveis para sistemas incorporados de pequena escala.

A Figura 5.13 mostra um diagrama de classes que apresenta apenas classes, atributos e métodos directamente relacionados com a operação da estratégia NVP. A técnica NVP é implementada pela classe *NVPStrategy*, que deriva da *FTStrategy*. Esta classe implementa o método *executeFT*, que define o comportamento do fio FT e o *executeMSControl* método, que define o comportamento do fio *MiddlewareScheduler*. Adicionalmente, esta classe também implementa o método *processMiddlewareMsg* para processar mensagens de estado recebidas de threads NVP noutros nós.

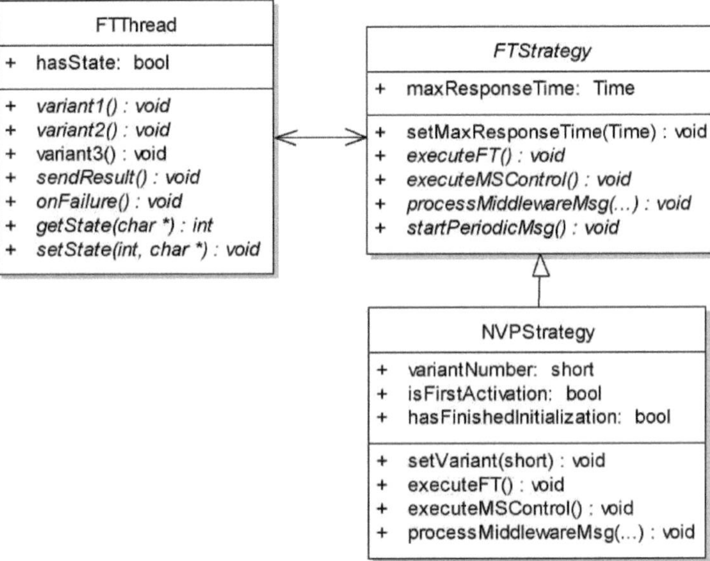

Figura 5.17: Diagrama de classes de estratégia NVP.

A classe *NVPStrategy* tem um atributo para definir a variante que deve ser executada *(variantNumber)*. Este atributo é definido no momento da inicialização pelo método *setVariant*, e não é suposto ser alterado no momento da execução. A vantagem de ter três variantes de software na mesma classe, em vez de definir três segmentos de aplicação diferentes, é suavizar o processo de implementação. Usando esta solução de concepção, o mesmo software pode ser carregado em todos os sistemas incorporados, e a definição sobre que variante um nó executará pode ser tomada em tempo de execução. Uma possível implementação é definir a variante a executar com base em alguma identificação do nó (por exemplo, número IP). Tal como na *estratégia DRBStrategy*, a *NVPStrategy* utiliza os atributos *isFirstActivation* e *hasFinishedInitialization* para apoiar a implementação da inicialização do estado.

Se apenas estiver disponível uma versão de software, a *NVPStrategy* pode ser utilizada para implementar uma estratégia TMR. Nesse caso, apenas o método *variant1* deve ser implementado e o atributo *variantNumber* deve ser definido para um.

A execução da estratégia NVP é apresentada na Figura 5.18. No ponto de entrada, o tópico verifica a necessidade de inicialização do estado com base no atributo *hasState* do *FTThread* e no atributo *isFirstActivation* do NVPStrategy, que é reiniciado no arranque. Se a inicialização do estado for necessária, o thread aborta a operação e só será executado na próxima activação. Entretanto, deve ser recebida uma mensagem de estado de uma thread NVP previamente inicializada. Depois, o prazo é estabelecido e o thread selecciona uma variante para execução com base no atributo *variantNumber*. No final da execução da variante, uma mensagem de resultado é enviada para um ou mais tópicos de votação. Além disso, é enviada uma mensagem de estado se o atributo *hasState* for definido.

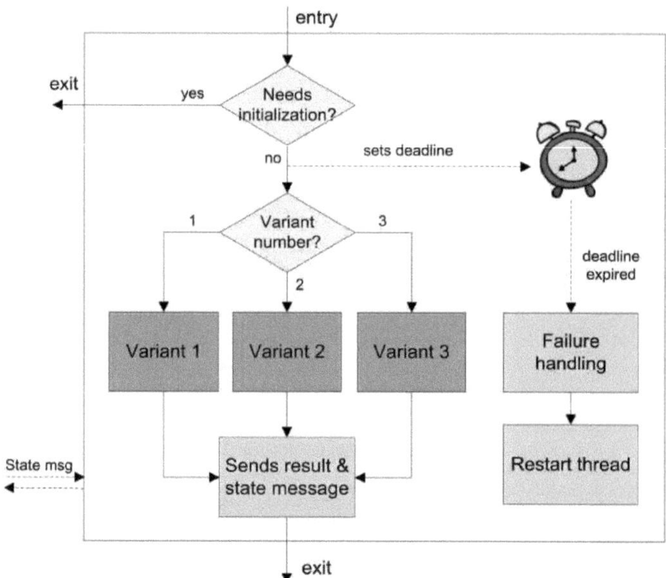

Figura 5.18: Execução da estratégia NVP.

Nesta estratégia, o fio *MiddlewareScheduler* só verifica se o prazo expirou. Se o prazo expirar, o método *onFailure* é chamado e o fio é reiniciado.

O mecanismo de inicialização do estado é exemplificado na Figura 5.19. Nesta situação, o fio NVP #1 já estava em execução quando os fios NVP #2 e #3 começaram. Na primeira activação após o início, os threads NVP de união saltam qualquer processamento e esperam por uma mensagem de estado para inicializar os dados de estado. Na activação seguinte, iniciam a sua execução normal. Se os threads de junção não receberem qualquer mensagem de estado, ainda começam a correr na próxima activação, mas nesse caso utilizam os dados de estado por defeito. Essa situação acontece se todos os threads começarem ao mesmo tempo. Isto significa que os threads de estado perdem um evento de activação para executar a inicialização de estado.

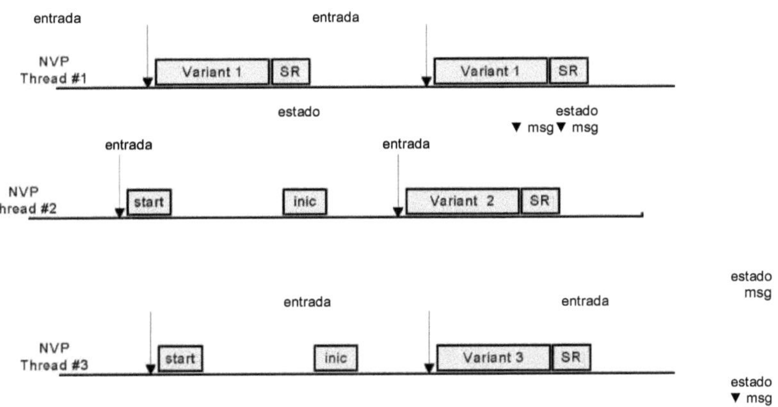

Figura 5.19: Exemplo de inicialização do estado NVP.

A classe *NVPStrategy* apenas se ocupa do processo de cálculo. A técnica NVP também depende de um ou mais tópicos de votação que recebem mensagens de resultado dos tópicos FT e seleccionam um resultado baseado na votação por maioria. A Figura 5.20 apresenta três configurações de votação possíveis. Os tópicos NVP subscrevem o assunto "input_data" e enviam os seus resultados usando como assunto "unvoted-data". Um ou mais tópicos de votação recebem as mensagens de resultado e seleccionam um resultado que é enviado usando "votou_dados" como assunto. A comunicação entre os tópicos NVP (mensagens de estado) e os tópicos do votante (mensagens de papel) não são mostrados nestes números. Na Figura 5.20a, apenas um votante é utilizado e, portanto, uma falha no nó onde o votante está a correr conduzirá a uma falha do sistema. A Figura 5.20b contém uma configuração que utiliza um votante para cada linha NVP, normalmente a correr no mesmo nó. Essa configuração tolera falhas permanentes em um ou dois nós. A configuração da Figura 5.20c é semelhante à da Figura 5.20b, mas

apenas o votante principal envia o resultado seleccionado. Este mecanismo é denominado **votação coordenada**, enquanto que a configuração da Figura 5.20b é denominada **votação livre**.

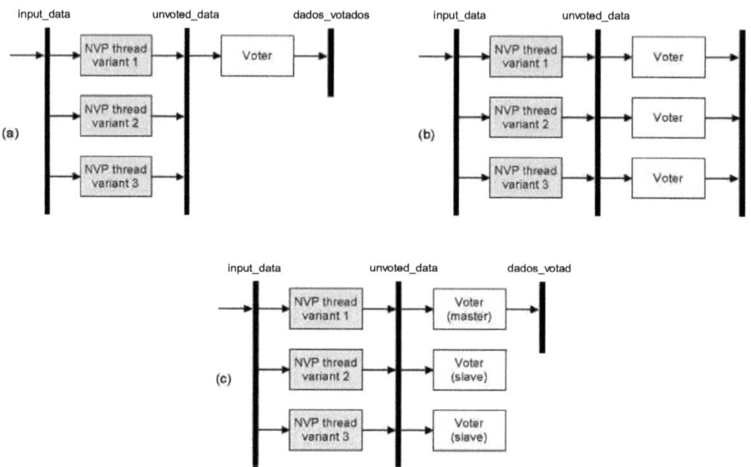

Figura 5.20: Configurações de

A implementação dos eleitores depende do apoio do middleware para a identificação da mensagem, tal como descrito na Secção 4.4.1, a fim de definir quando começa um novo problema ou ciclo de votação. Por conseguinte, os tópicos NVP devem enviar um número de identificação comum nas suas mensagens de resultados para cada ciclo de votação. Uma solução possível é incluir esta identificação na mensagem de entrada. No entanto, a activação dos tópicos NVP e a saída dos tópicos de votação pode ser realizada sem mensagens. Os tópicos NVP podem ser activados por um mecanismo de tempo mas devem concordar na geração do número de identificação da mensagem enviada aos tópicos do eleitor. Isto pode ser realizado pelo mecanismo de coordenação de dados estatais fornecido pela estratégia NVP. Da mesma forma, os tópicos do eleitor podem enviar ou utilizar o resultado seleccionado por outros meios, como por exemplo, o envio de dados para dispositivos de hardware. Se os resultados dos tópicos do eleitor forem enviados para outro tópico BOSS, não há necessidade de votação coordenada, uma vez que o middleware é capaz de descartar mensagens duplicadas. Caso contrário, apenas uma mensagem deve ser enviada para a tarefa sucessora ou se apenas um eleitor deve conduzir um dispositivo de hardware, então deve ser utilizada a votação coordenada.

Os fios do eleitor são implementados por meio da classe *VoterThread*, mostrada na Figura 5.21. *VoterThread* deriva de threads e define as seguintes funções virtuais que devem ser implementadas pelos eleitores da aplicação:

- *storeSolution*: guarda os dados de resultados (também chamados de "solução") recebidos de um fio NVP.

- *fingerEqualSolution*: compara os últimos dados recebidos de um fio NVP com dados anteriores recebidos e armazenados, tentando encontrar uma correspondência (solução "igual") usando um procedimento específico da aplicação.

- **sendResultado**: produz o resultado seleccionado.

O atributo *nextSolIndex* é inicializado com zero no início de um ciclo de votação e deve ser utilizado pelos eleitores da aplicação como um índice para armazenar e comparar dados de resultados.

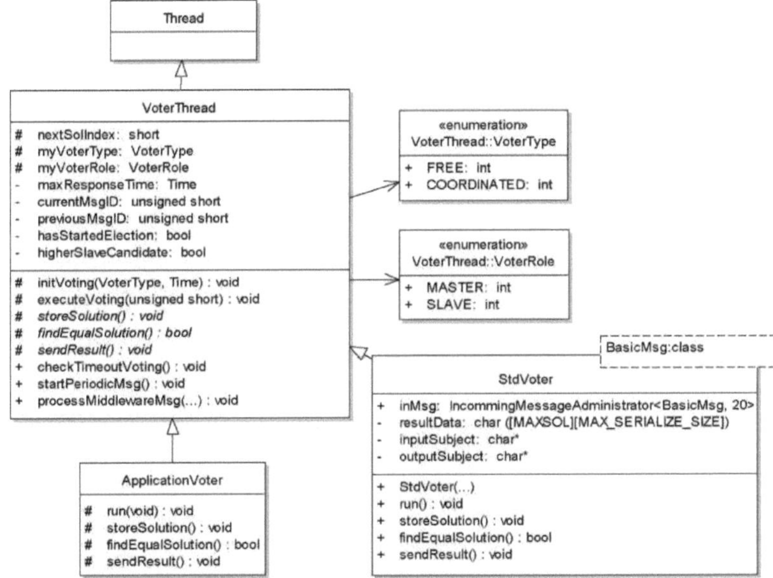

Figura 5.21: Diagrama de classes *VoterThread*.

VoterThreads pode funcionar livremente ou de forma coordenada, tal como definido pelo atributo *myVoterType*. Na votação coordenada, o *myVoterRole* mantém a definição do papel: mestre ou escravo. O atributo *MaximumResponseTime* é utilizado para definir o prazo para cada ciclo de votação. Tanto o método de coordenação como o tempo de resposta são inicializados pelo método *initVoting*. O método *executeVoting* deve ser chamado após cada activação do votante (por exemplo, após receber uma mensagem) e deve receber um número de identificação como parâmetro. Os atributos *actuaisMsgID* e *anterioresMsgID* mantêm um registo dos números de identificação recentes e são utilizados para detectar um novo ciclo de votação e também mensagens de chegada tardia de ciclos anteriores. Os atributos *hasStartedElection* e *higherSlaveCandidate* são utilizados para realizar a eleição principal na votação coordenada. O prazo de um ciclo de votação é verificado periodicamente pelo fio MiddlewareScheduler, utilizando o método *checkTimeoutVoting*. Outros métodos chamados pelo tópico MS são *startPeriodicMsg*, que desencadeia uma transmissão de mensagens de papel em caso de votação coordenada e *processMiddlewareMsg*, que processa as mensagens de papel recebidas.

A classe *StdVoter* define um eleitor de aplicação padrão que executa entradas e saídas usando mensagens e executa a votação exacta, como descrito na Secção 5.3.3. Esta classe incorpora uma caixa de correio para a recepção de mensagens de um tipo definido por um parâmetro modelo (*BasicMsg*). A memória utilizada para armazenar os resultados de entrada dos tópicos NVP é definida pelo atributo *resultData*. Os temas das mensagens de entrada e saída são mantidos pelos atributos *inputSubject* e *ouputSubject*. A inicialização destes atributos, bem como de outros, como método de coordenação e tempo de resposta, é realizada pelo construtor da classe.

A Figura 5.22 apresenta um diagrama de execução da votação. O ponto de entrada é a execução do método de *votação de votação de execução do* VoterThread. A detecção de um novo ciclo de votação é realizada comparando o número de identificação recebido dos números de identificação do ciclo actual e do ciclo anterior. Se for detectado um novo ciclo de votação, é chamado o método *storeSolution* e é estabelecido um prazo. Caso contrário, a identificação recebida é comparada com a identificação do ciclo anterior para detectar uma mensagem de chegada tardia, o que provocará o descarte dos dados do resultado. Os dados do resultado também são descartados se um resultado tiver sido previamente seleccionado pelo votante. Se nenhuma destas situações de descarte ocorrer, os métodos *storeSolution* e *findEqualSolution* são chamados. Se o método *findEqualSolution* retornar verdadeiro, indicando que foi encontrada uma correspondência entre diferentes dados de resultados armazenados (solução "igual"), e o eleitor é autorizado a enviar resultados (eleitor livre ou mestre), o método *sendResult* é chamado.

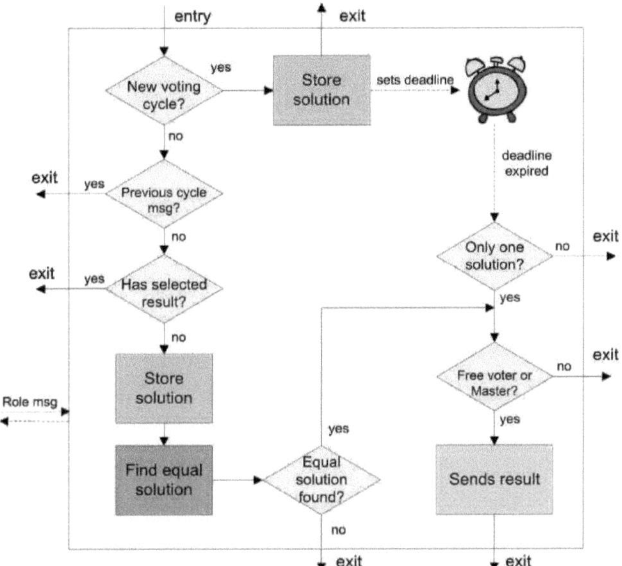

Figura 5.22: Diagrama de execução das votações.

Enquanto um ciclo de votação ainda está em curso (não foi seleccionado nenhum resultado), o segmento MS continua a verificar o prazo *VoterThread*. Quando este prazo expira, duas situações poderiam ter acontecido:

- Só foi recebido um resultado - nesse caso, esta solução é considerada correcta, e o eleitor selecciona-a para saída.

- Foram recebidas duas ou três soluções, mas não corresponderam - nesse caso, não é produzido qualquer resultado pelo eleitor.

O algoritmo de eleição principal utilizado na votação coordenada é representado pelo diagrama do estado na Figura 5.23. No início de um processo eleitoral num eleitor, o estado inicial do algoritmo será Master ou Master Candidate, dependendo do papel actual do eleitor, mestre ou escravo, respectivamente.

Estado inicial de mestre

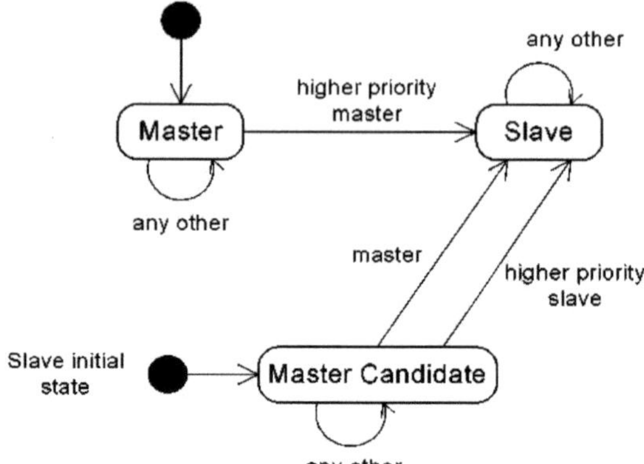

Figura 5.23: Diagrama de estado da eleição principal.

As transições neste diagrama de estado são desencadeadas pela recepção de mensagens de papel de outros nós que satisfazem as condições mostradas na figura. Por exemplo, se um eleitor escravo inicia a eleição como Candidato Principal e recebe ainda uma mensagem de um eleitor principal ou de um eleitor escravo de maior prioridade, então muda o seu estado para Escravo. A prioridade de um eleitor é inversamente proporcional ao seu número de identificação do nó.

As mensagens de papel são enviadas periodicamente, desencadeadas pelo segmento MS, tal como descrito na Secção 5.4.2. A duração de um processo eleitoral é duas vezes maior do que o período da mensagem de papel. No final da eleição, o estado final de um eleitor determina o seu papel. É realizada uma mudança de papel se ocorrer uma das seguintes situações:

- Um eleitor principal termina a eleição no estado de Escravo; ou

- Um eleitor escravo termina as eleições no estado de Candidato Mestre.

Quando um fio de eleitor começa, assume um papel de escravo. Portanto, um eleitor principal de prioridade inferior manterá o seu papel independentemente da chegada de novos eleitores de prioridade superior. Esta decisão de concepção visa minimizar as mudanças de papel entre os eleitores coordenados.

O algoritmo de eleição principal é executado continuamente, o que significa que um novo período eleitoral começa imediatamente após o fim da eleição anterior. Se um eleitor principal falhar, o pior cenário possível ocorre quando acontece logo após o envio da sua mensagem de papel e quando esta mensagem chega ao escravo de maior prioridade no início de um período eleitoral, como mostrado na Figura 5.24.

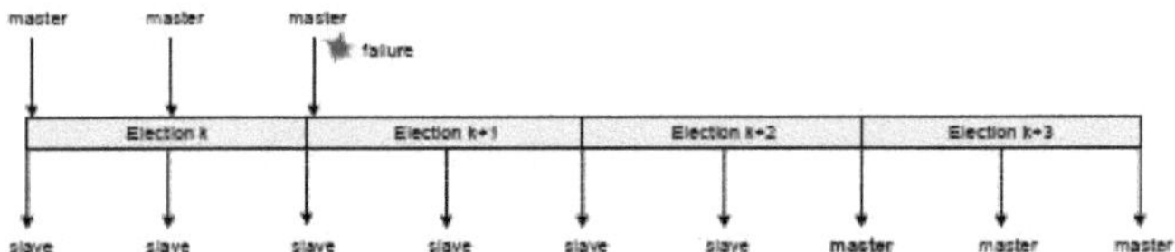

Figura 5.24: Pior cenário de fracasso dos eleitores principais.

A figura 5.24 apresenta uma sequência de eleições realizadas pelo eleitor escravo de maior prioridade. A última mensagem principal do papel do eleitor é recebida no início das eleições k+1. Portanto, este eleitor apenas detecta a falha do mestre e assume como mestre no final da eleição k+2. O pior caso de recuperação de uma falha de mestre é igual a dois períodos eleitorais. Por exemplo, num sistema com intervalo de 2 milissegundos e mensagens periódicas a cada 100 activações *MiddlewareScheduler*, o período de eleição seria igual a 400 milissegundos, e assim o pior caso o tempo de recuperação seria igual a 800 milissegundos.

5.6 Discussão

A utilização da estrutura FT proposta para o desenvolvimento de sistemas tolerantes a falhas incorporados tem vários benefícios:

- Simplifica a programação ao nível da aplicação, uma vez que os programadores não têm de implementar mecanismos de tolerância a falhas, mas apenas têm de fornecer parâmetros e procedimentos específicos da aplicação. O mesmo acontece em relação a outros mecanismos distribuídos, tais como a inicialização do estado e a coordenação dos resultados.

- O programa de aplicação segue uma estrutura padrão na qual a mudança da estratégia FT se torna fácil e directa. Isto reduz os esforços na selecção, configuração e testes da estratégia.

- Facilita a criação e integração de novas estratégias de tolerância a falhas. O quadro proposto é facilmente extensível, acrescentando novas classes derivadas de *FTStrategy* e *VoterThread*, como descrito na Secção 5.4.

- Fornece um meio de implementar a tolerância a falhas adaptativas [52], uma vez que a alteração da estratégia FT pode ser realizada em tempo de execução, bastando para isso chamar o método *setStrategy*. A estratégia pode ser modificada com base nos requisitos de fiabilidade de cada fase da missão, ou mesmo para outros factores como a disponibilidade de recursos e o consumo de energia.

A desvantagem da estrutura FT proposta é o aumento da pegada de memória do SO e a sobrecarga de tempo de execução. A estrutura FT está totalmente integrada no código do sistema operativo. Por conseguinte, mesmo para aplicações não tolerantes a falhas serão utilizados alguns recursos extra, como será apresentado no Capítulo 7. Uma possível solução para este problema é fornecer duas versões do sistema operativo: com e sem a estrutura FT. No entanto, esta solução exige a utilização de mais de uma versão de algumas classes de sistemas operativos, o que torna o desenvolvimento e manutenção de software mais difícil. No Capítulo 6 será apresentada uma solução para este problema utilizando o AOP.

5.7 Resumo

Foi concebido e implementado um quadro para apoiar a tolerância a falhas ao nível da aplicação. Esta estrutura é facilmente personalizável e extensível, fornecendo mecanismos de tolerância a falhas de hardware e software. Os objectivos de concepção eram simplicidade e eficiência, a fim de funcionar em sistemas incorporados em pequena escala em tempo real.

As unidades de tolerância a falhas neste quadro são os fios BOSS. Esta abordagem proporciona melhores mecanismos para a recuperação do sistema, tais como o reinício dos fios. O modelo de rosca para roscas tolerantes a falhas suporta tanto roscas de estado como roscas sem estado, e é normalmente utilizado na concepção de sistemas tolerantes a falhas.

A aplicação de tolerância a falhas num sistema existente é simples. Um objecto FT deve ser criado e registado. Além disso, alguns parâmetros e métodos devem ser fornecidos pelo programa de aplicação. A estrutura é responsável pela execução da estratégia FT seleccionada e pela troca de mensagens necessárias à implementação destas estratégias, tais como as relacionadas com as definições de funções e a consistência do estado.

Foram implementadas três estratégias principais de tolerância a falhas: RB, DRB e NVP, mas outras estratégias de versão única podem ser derivadas das mesmas. Foram apresentadas descrições detalhadas da estrutura de cada classe de estratégia e do algoritmo de execução. Além disso, foram apresentados os piores cenários em termos de tempos de execução para cada estratégia de FT. O desenvolvimento e integração de novas estratégias de FT na estrutura é simples e não implica modificações noutras classes de estrutura.

A utilização da estrutura FT proposta apresentou várias vantagens em relação às implementações ad-hoc, simplificando a programação a nível de aplicação e melhorando a configurabilidade e extensibilidade do sistema.

Capítulo 6

Aplicação de AOP para tolerância a falhas

Este capítulo descreve a aplicação do AOP para apoiar a implementação da tolerância a falhas. Neste trabalho, o AOP foi aplicado para três objectivos diferentes: (1) modular o código de tolerância a falhas ao nível da aplicação; (2) integrar a estrutura FT no sistema operacional; e (3) implementar a tolerância a falhas ao nível do sistema operacional.

6.1 Tolerância a falhas ao nível da aplicação

A estrutura FT descrita no último capítulo pode ser utilizada para transmitir tolerância a falhas a uma aplicação existente. A fim de construir uma aplicação tolerante a falhas, o código fonte dos fios críticos deve ser modificado. Por exemplo, o código fonte mostrado na Figura 6.1 apresenta um fio não tolerante a falhas, enquanto a Figura 6.2 mostra o código fonte do mesmo fio após a introdução da tolerância a falhas. As principais diferenças entre estes códigos-fonte são destacadas. Esta modificação pode levar à introdução de erros de codificação e também pode tornar a manutenção mais difícil, uma vez que agora existem duas versões de software: o original e o tolerante a falhas. Estas versões devem permanecer compatíveis durante toda a sua evolução, com o objectivo de permitir a configurabilidade e reutilização. Como forma de melhorar a integração e manutenção da tolerância a falhas, foram aplicadas técnicas AOP para modular todo o código tolerante a falhas, mantendo intacto o código-fonte original. Neste trabalho, o AOP foi principalmente utilizado para gerar automaticamente o código fonte dos fios tolerantes a falhas (por exemplo, Figura 6.2) tecendo o código fonte original não tolerante a falhas (por exemplo, Figura 6.1) com aspectos FT.

```
classe ExampleThread : público Thread {
Msg* recMsg;
Msg outMsg;
IncommingMessageAdministrador<Msg,20> inMessages;
público:
ExemploTópico(){ ... // init code}

execução nula () {
    enquanto(1) {
        recMsg = inMessages.receive();
        processo();
        saída();
    }
}

processo nulo(){
    ... // utiliza dados msg e dados de estado
}

saída nula(){
    ... // prepara a mensagem de saída
    outMsg.send("exemploResultado");
} };
```

Figura 6.1: Exemplo de código fonte do fio antes da introdução da tolerância a falhas.

```
classe FTExampleThread : público FTThread {

A estratégia DRBStrategy myDRB;
Msg* recMsg;
Msg outMsg;
IncommingMessageAdministrador<Msg, 20> inMessages; público:
```

```
FTExampleThread(){ ... // init code
  myDRB.setMaxResponseTime(20000); setFTStrategy(& myDRB);
}

execução nula () { while(1) {
    recMsg = inMessages.receive(); ftStrategy-> executeFT();
  }
}

variante nula1(){ ... // mesmo código do método de processo
  original
}

sendResultado nulo(){
  ... // mesmo código do método de saída original
}
// a definir
variante nula2(){ ... }
nulo saveCheckpoint(){ ... }
void restoreCheckpoint(){ ... }
bool acceptanceTest(){ ... } };
```

Figura 6.2: Exemplo de código fonte do fio após introdução de tolerância a falhas.

6.1.1 Geração de códigos

O processo de geração do código executável utilizando esta abordagem é mostrado na Figura 6.3. As entradas e saídas de tecelões, compiladores e ligadores são representadas por linhas contínuas, enquanto as dependências do código fonte da aplicação são representadas por linhas tracejadas. O sistema operativo, já integrado na estrutura de tolerância a falhas, é compilado e é gerada uma biblioteca de SO. São desenvolvidos aspectos de estratégia resumida para cada estratégia FT no sistema. Eles definem pontos virtuais e conselhos padrão utilizados para todos os Aspectos de Estratégia Concreta relacionados. Deve ser definido um aspecto concreto para aconselhar cada futura linha de aplicação tolerante a falhas, como será posteriormente discutido. O processo de tecelagem utilizando AspectC++ gera uma aplicação tolerante a falhas que é eventualmente compilada e ligada ao código do SO.

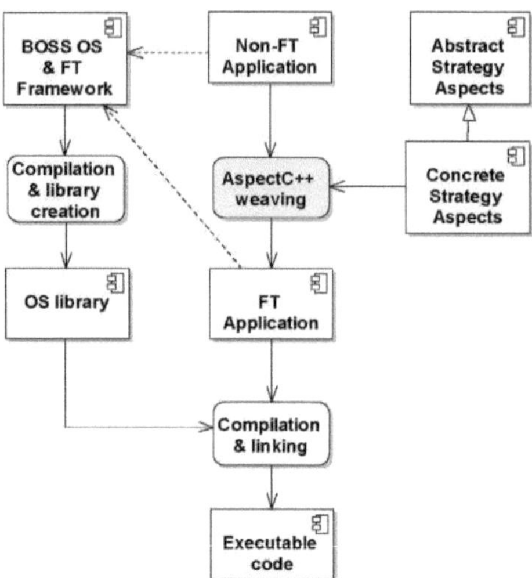

Figura 6.3: Processo de geração de código utilizando o AOP a nível da aplicação.

Usando este processo, todo o código tolerante a falhas é definido dentro do código de aspecto, e a aplicação não-TF permanece inalterada. A preocupação com a tolerância a falhas é consequentemente separada da funcionalidade principal.

6.1.2 Restrição AspectC++

A AspectC++ tem uma restrição relacionada com a introdução de classes base que tiveram um impacto neste trabalho. No AspectC++, as classes de base podem ser incluídas, mas nunca podem substituir uma classe de base existente (como o AspectJ faz). A introdução de uma classe de base em AspectC+++ pode levar a herança múltipla se a classe alvo da introdução já tiver uma classe de base. Na Figura 6.4 podemos ver que a aplicação de uma introdução de classe de base no código original da Figura 6.1 não resulta no código FT da Figura 6.2. Em vez disso, acrescenta *o FTThread* como classe base do *ExampleThread, num* mecanismo de herança múltipla.

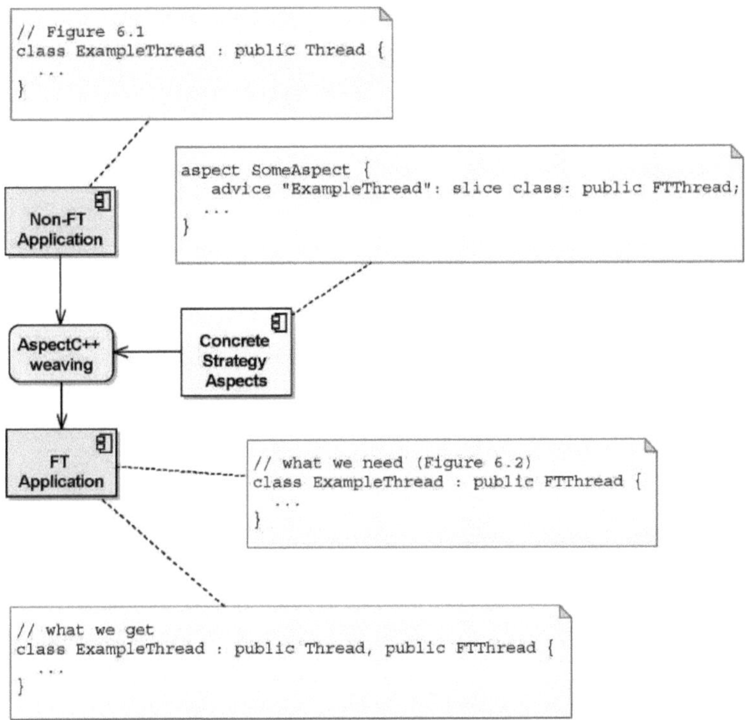

Figura 6.4: Exemplo de introdução da classe base AspectC++.

No AspectJ, a introdução de uma classe base por um aspecto é sempre realizada por substituição, uma vez que Java não permite herança múltipla. Como C++ permite tanto herança única como herança múltipla, AspectC++ deve fornecer suporte para dois tipos de introdução de classe base: por substituição e por adição. A sugestão de incluir a funcionalidade de substituição da classe base no AspectC+++ foi enviada para a lista de correio do AspectC++ [14, 15] em Janeiro e Abril de 2007. Esperamos que novas versões de AspectC+++ possam suportar essa funcionalidade.

Algumas soluções podem ser aplicadas para lidar com esta restrição AspectC++, mas todas envolvem modificações na estrutura FT e causam penalizações de desempenho ou de pegada de memória. A solução seleccionada foi eliminar a classe *FTThread* da estrutura FT e incluir todos os seus atributos e métodos na classe *Thread*, uma vez que mostrado na Figura 6.5 (comparar com a Figura 5.3). Esta solução evita a utilização da introdução da classe base mostrada na Figura 6.4, e consequentemente não incorre nas despesas gerais de desempenho relacionadas com a herança múltipla ou virtual. No entanto, aumenta a pegada de memória da aplicação final, uma vez que os fios não-FT têm o seu tamanho de memória aumentado.

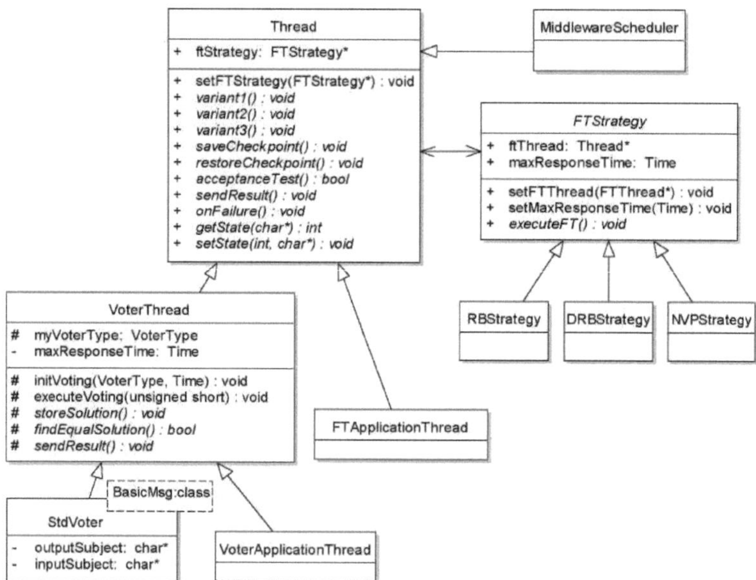

Figura 6.5: Quadro FT modificado para aplicação AOP.

6.1.3 Implementação AOP

Esta secção descreve a implementação de aspectos abstractos e concretos que introduzem a tolerância a falhas nos fios. Como exemplo, a classe *ExampleThread* mostrada na Figura 6.1 será tornada tolerante a falhas, utilizando as estratégias DRB e NVP.

A figura 6.6 mostra o aspecto abstracto relacionado com a estratégia DRB. Este aspecto é geral e pode ser aplicado por todos os fios utilizando esta estratégia e outras estratégias de versão única relacionadas com a mesma. Aspectos abstractos semelhantes foram desenvolvidos para as estratégias RB e NVP. Inicialmente, este aspecto declara três pontos virtuais (linhas 2-4) que serão definidos por aspectos concretos. Estes pontos representam a classe de linha em modificação *(DRBClass)* e os métodos originais de processamento *(ProcessMethod)* e de saída *(OutputMethod)*. O *tempo de resposta máximo* inteiro (linha 5) mantém o tempo de resposta máximo para a execução, que deve ser definido por aspectos concretos. A introdução da

118

definição do objecto *da estratégia DRBStrategy* é realizada utilizando a construção da fatia AspectC++ (linha 7), que é utilizada para estender a estrutura estática de um programa. A inicialização deste objecto, bem como o seu registo, é realizada pelo conselho na linha 13, que utiliza o ponto de *construção* (linha 11), tal como é feito no código do construtor da versão não-OPE na Figura 6.2.

```
01   aspecto DRBStrategyAbstract {
02      pointtcut virtual DRBClass() = 0;
03      método ProcessMethod() = 0;
04      pointtcut virtual OutputMethod() = 0;
05      int maxResponseTime;
06
07      conselho DRBClass(): classe de fatias {
08         privado:
09            A estratégia DRBStrategy myDRB;
10      };
11      pointtcut constr() = construção(DRBClass());
12
13      conselho constr(): depois(){
14         tjp-> target()-> myDRB.setMaxResponseTime( maxResponseTime
15         tjp->target()-> setFTStrategy(&(tjp->target()-> myDRB)));
16      }
17
18      pointtcut compute()= call(ProcessMethod()) &&
19          target( DRBClass() ) && !within( "% ...::variant%(...)" );
20
21      cálculo do conselho(): cerca de(){
22         tjp->target()-> ftStrategy-> executeFT();
23      }
24      resultado do ponto()= call(OutputMethod()) &&
25        target( DRBClass() ) && !within( "% ...::sendResult(...)" );
26
27      resultado do conselho(): cerca de(){
28      }
29   };
```

Figura 6.6: Aspecto abstracto da estratégia DRB.

O ponto de *computação* (linha 18) define uma condição na qual o método de processamento do fio não-TF é chamado no código original. Os cerca de conselhos relacionados com este ponto (linha 21) substituirão esta chamada pela activação do método *executeFT* da classe *FTStrategy*. Da mesma forma, o ponto de *resultado* (linha 24) define uma condição na qual o método de saída do fio não FTS é chamado no código original. Os cerca de conselhos relacionados com este ponto (linha 28) irão apenas suprimir esta chamada, uma vez que a activação da saída do fio vai ser controlada pelo objecto *FTStrategy*.

O aspecto concreto para tornar o *ExampleThread* tolerante a falhas é mostrado na Figura 6.7. O aspecto herda do aspecto *DRBStrategyAbstract* e define inicialmente os seus pontos virtuais (linhas 3-5). Neste caso, o fio-alvo é "ExampleThread", o método de processamento é "processado" e o método de saída é "output", como se vê na Figura 6.1.

```
01    aspecto DRBExampleConcrete:           DRBStrategyAbstract {
02
03       pointtcut DRBClass() = "ExampleThread";
04       método  do  processo  de  corte.::process()";
05       pointtcut  OutputMethod()  =  "%.::output()";
06
07       DRBExampleConcrete(){
08         maxResponseTime = 20000;
09       }
10
11       conselho DRBClass() : classe de{
12         público:
13            variante nula1(){            }
14            sendResult(){output() nulo; }
15
16            // métodos a definir
17            variante nula2(){ ... }
18            void saveCheckpoint(){ ...
19            void                        }
20            bool acceptanceTest(){...}
21       }
22    };
```

Figura 6.7: Exemplo de aspecto concreto da estratégia DRB.

O tempo máximo de resposta para esta estratégia é fixado em 20.000 microssegundos no construtor de aspecto (linha 8), inicializando uma variável abstracta base. Depois disso, vários métodos são introduzidos no fio-alvo. A *variante do* método *virtual1* (linha 13) é responsável pela execução do bloco primário no DRB, e neste caso deve executar o processamento original do *ExampleThread.* Da mesma forma, o método virtual *sendResult* (linha 14) deve chamar o método de saída original. Aqui pode ser notado que as chamadas para processamento e saída na *variante1 dos* métodos introduzidos e *sendResult* não irão desencadear a execução dos conselhos definidos pelos pontos de *cálculo* e de *resultado* no aspecto do *resumo da Estratégia DRBStrategy* da Figura 6.6, porque a função de ponto *dentro do* escopo está a ser aplicada. Finalmente, os métodos específicos da aplicação são definidos para esta estratégia (linhas 17-20), tais como *a variante2* (bloco de recuperação) e o *saveCheckpoint.* Após o processo de tecelagem, o novo código *ExampleThread* torna-se funcionalmente equivalente como a versão não-AOP da Figura 6.2.

A Figura 6.8 apresenta o aspecto abstracto para implementar a estratégia NVP utilizando um

Classe *StdVoter*. As diferenças em relação ao aspecto abstracto para a estratégia DRB da Figura 6.6 são realçadas.

```
01 aspecto NVPstdStrategyAbstract {
02pointcutvirtual      NVPClass() = 0;
03pointcutvirtual      ProcessMethod() = 0;
04pointcutvirtual      OutputMethod() = 0;
05int maxResponseTime;
06      variante int;
07      char
08
09    conselho NVPClass(): classe de fatias {
10      privado:
11        NVPStrategy myNVP;
12    };
13    pointtcut constr() = construção(NVPClass());
14
15    conselho constr(): after(){ tjp->target()->
        myNVP.setMaxResponseTime( maxResponseTime );
17      tjp-> target()->        . setVariant(variante);
18      tjp->target()-> setFTStrategy(&(tjp->target()-> myNVP)));
19    }
20
21   pointtcut compute()= call(ProcessMethod()) &&
22      target( NVPClass() ) && !within( "% ...::variant%(...)" );
23
24   cálculo do conselho(): cerca de(){
25      tjp->target()-> ftStrategy-> executeFT();
26   }
27   resultado do ponto()= call(OutputMethod()) &&
28      target( NVPClass() ) && !within( "% ...::sendResult(...)" );
29
30 resultado do conselho(): cerca de(){}
31
32    pointtcut sendMessage()= call("%Message::send(...)") && that(
33      NVPClass() ) && dentro de ( OutputMethod() );
34
35    envioMensagem de aconselhamento(): antes(){
36      *tjp-> arg<0>() = inputSubjecto;
37    }
38 };
```

Figura 6.8: Estratégia NVP com aspecto abstracto StdVoter.

O atributo de *variante* (linha 6) mantém o número de variante executado por este nó, e é definido pelo aspecto concreto. O número da variante é definido no objecto *NVPStrategy* na linha 17, dentro do conselho do construtor do fio alvo. A diferença mais marcante para a estratégia DRB é a necessidade de aconselhar a chamada para o método de envio da classe *Message* dentro do método de saída do segmento alvo, tal como definido pelo ponto *sendMessage* (linha 32). Isto acontece porque o segmento tolerante a falhas tem agora de enviar os seus resultados para um segmento de eleitores em vez dos destinos finais, pelo que o assunto da mensagem de saída tem de mudar. No conselho na linha 35, o argumento de entrada para a *Mensagem::enviar* método é alterado para o assunto das mensagens de entrada para o eleitor (linha 7), que é definido pelo aspecto concreto.

Um exemplo do aspecto concreto NVP (usando *StdVoter)* aplicado ao mesmo *ExemploLinha* da Figura 6.1 é mostrado na Figura 6.9. As principais diferenças em relação ao aspecto de betão DRB da Figura 6.7 são realçadas.

```
01   aspecto NVPExampleConcrete: público
02                   NVPstdStrategyAbstract {
03
04      pointtcut NVPClass() = "ExampleThread";
05      pointtcut ProcessMethod()= "% ...::process ()";
06      pointtcut OutputMethod() = "% ...::output()";
07      StdVoter<Msg> myVoter;
08
09      NVPExampleConcrete()
10         myVoter("votante", VoterThread::COORDINADO, 15000,
11              "toTheVoter", "exemploResultado")
12      {
13         maxResponseTime = 20000;
14         variante = defineMinhaVariante();
15      }
16
17      conselho NVPClass() : classe de fatias {
18         público:
19            variante nula1(){ process(); }
20            sendResult(){output(); }
21
22            // métodos a definir
23            variante nula2(){ ... }
24            variante nula3(){ ... }
25      }
26   };
```

Figura 6.9: Estratégia NVP com exemplo de aspecto concreto *StdVoter.*

O objecto *StdVoter* é definido na linha 7. Este objecto não pode ser um atributo do aspecto abstracto porque depende do tipo do objecto Message utilizado para trocar os resultados (por exemplo *Msg*), e este é dependente da aplicação. O construtor *do StdVoter* é chamado pelo construtor do aspecto (linha 10). Os parâmetros tomados por este construtor são descritos na Tabela 5.3. Neste exemplo, a votação coordenada é seleccionada e o tempo máximo de resposta para um ciclo de votação é definido para 15.000 microssegundos. O assunto das mensagens de entrada para o eleitor é definido arbitrariamente como "toTheVoter" e o assunto das mensagens de saída do eleitor é definido obrigatoriamente como "exemploResultado", o mesmo utilizado pelo método de *saída* do *ExampleThread.*

O atributo de *variante* definido na linha 14 definirá que método de *variante* (1, 2, ou 3) será chamado para processamento. Neste exemplo, todos os nós serão capazes de executar qualquer variante, e a definição sobre que variante serão executados será tomada em tempo de execução, usando a função *definirMinhaVariante.* Uma possível implementação desta função pode ser definir a variante com base em alguma identificação não volátil do nó. Finalmente, os métodos específicos da aplicação são definidos para esta estratégia (linhas 23-24). A estratégia

NVP requer uma variante extra em relação à estratégia DRB (linha 24), mas em contraste não requer a implementação de pontos de verificação ou testes de aceitação. Se apenas TMR for implementada, não há necessidade de definir *variante2* e *variante3,* e o atributo de variante deve ser definido para 1(um) na linha 14.

6.1.4 Discussão

O objectivo básico da implementação do AOP mostrado nas secções anteriores era modular todos os códigos tolerantes a falhas utilizados ao nível do fio da aplicação, mantendo o código original inalterado. As vantagens desta abordagem são:

* É menos propenso a erros na portabilidade de um sistema não-TF para um sistema FT. A tarefa de alterar um sistema existente para introduzir capacidades de tolerância a falhas pode inserir falhas de software no código original. Usando o AOP, o código original é preservado.

* O programador pode inicialmente escrever aplicações sem tolerância a falhas em mente, e concentrar os seus esforços no desenvolvimento do código funcional. Usando o AOP, a tolerância a falhas pode ser aplicada numa segunda fase, após validação da funcionalidade central.

* Facilita a avaliação e comparação de várias configurações FT, uma vez que o programador pode facilmente seleccionar que conjunto de fios de aplicação será tornado tolerante a falhas e em que estratégia.

* Contribui para o desenvolvimento de linhas de produtos, uma vez que os sistemas únicos ou redundantes podem ser gerados pela introdução ou não de aspectos tolerantes a falhas.

  - Contribui para a reutilização de códigos porque o mesmo código funcional pode ser aplicado em outros projectos com requisitos de fiabilidade diferentes.

Usando esta abordagem, o código base permanece alheio à preocupação de tolerância a falhas, mas por outro lado, o código de aspecto depende muito do código base a que se aplica. Este facto está relacionado com a natureza do domínio da tolerância a falhas, onde para cada instanciação de FT podemos ter de definir prazos específicos, detecção de erros, procedimentos alternativos, pontos de controlo, coordenação estatal, especificações de votação, e assim por diante. Por essa razão, os aspectos concretos são normalmente heterogéneos e podem visar apenas um fio de aplicação. No entanto, dependendo das características do processo de aplicação e da estratégia tolerante a falhas seleccionada, poderá ser necessário menos código específico da aplicação. Na nossa opinião, é muito difícil conseguir uma injecção de tolerância a falhas totalmente homogénea.

A principal desvantagem da utilização do AOP para a introdução da tolerância a falhas a nível de aplicação está relacionada com a disponibilidade muito limitada de tecelões e ferramentas para o desenvolvimento incorporado. O compilador AspectC++ utilizado neste trabalho está ainda em testes beta e tem algumas restrições, como a descrita na Secção 6.1.2. Na Secção 6.4 discutimos a necessidade de utilizar ferramentas de configuração especiais para o desenvolvimento de AOP.

Concluímos que o AOP é muito útil no domínio da tolerância a falhas porque reduz os esforços e erros ao tornar um sistema herdado tolerante a falhas, simplifica o desenvolvimento do sistema ao permitir a validação da parte funcional com antecedência, facilita a avaliação e comparação de várias configurações de FT, e contribui para o desenvolvimento de linhas de produtos e reutilização de códigos.

6.2 Integração do quadro FT

A implementação da estrutura FT está interligada com algumas das classes do sistema operativo BOSS. Por exemplo, a classe *Thread* do BOSS inclui atributos e métodos adicionais relacionados com a implementação da tolerância a falhas, como se vê na Figura 6.5. Mesmo na implementação anterior da estrutura FT[2], a classe *Thread* original do BOSS teve de ser modificada para incluir alguns atributos, como se pode ver na Figura 5.7.

Idealmente, a utilização de uma estrutura FT não deveria afectar o desenvolvimento do sistema operativo. A aplicação de técnicas AOP pode proporcionar a separação física completa da estrutura FT do código do sistema operativo. Portanto, o desenvolvimento destas preocupações pode ser feito separadamente e ser composto, se necessário, no momento da tecelagem/compilação.

6.2.1 Geração de códigos

O processo de tecelagem da estrutura FT com o sistema operativo e a posterior geração do

---

[2] A anterior implementação do quadro de FT é a apresentada no Capítulo 5. A implementação actual do quadro de FT é a apresentada na Figura 6.5, que evita a herança múltipla quando se utiliza AspectC++, tal como descrito na Secção 6.1.2.

código executável é mostrado na Figura 6.10.

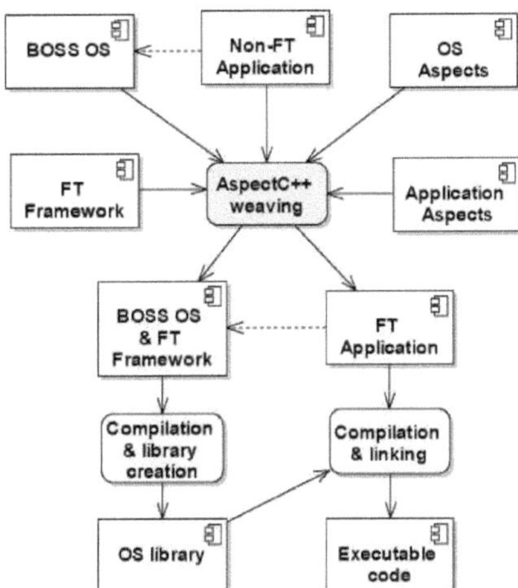

Figura 6.10: Processo de geração de código quando se utiliza o AOP ao nível do SO.

O processo de tecelagem aplica-se agora também ao código original do sistema operativo. O processo de tecelagem ao nível da aplicação ocorre simultaneamente com o processo de tecelagem ao nível do sistema operativo. A estrutura FT é injectada no sistema operativo por um ou mais aspectos. Não há modificações nos aspectos FT abstractos e concretos utilizados a nível da aplicação. Usando esta abordagem é possível reduzir o tamanho do código para implementações não FT e também aplicar aspectos para outras preocupações a nível do sistema operativo, como registo, sincronização e personalização de middleware.

A Figura 6.11 mostra um processo alternativo de geração de código, onde duas execuções da tecelagem AspectC++ são realizadas: a primeira para tecelagem no código do SO e a segunda para tecelagem no código da aplicação. Esta configuração evita a regeneração da biblioteca do SO cada vez que o código da aplicação é alterado. No entanto, não pode ser aplicada se o mesmo aspecto tiver de aconselhar tanto o SO como a aplicação. O AspectC++ foi concebido para permitir a tecelagem sobre um código fonte pré-tecido, que é o caso nesta configuração, uma vez que os ficheiros de inclusão relacionados com o SO foram modificados pelo primeiro processo de tecelagem.

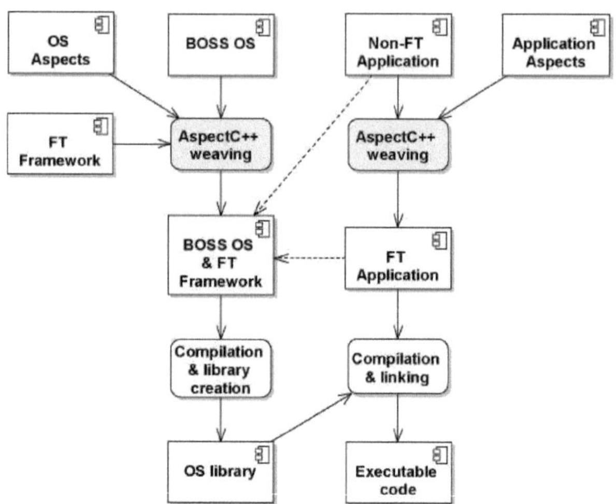

Figura 6.11: Processo alternativo de geração de código com tecelagem dupla.

6.2.2 Implementação AOP

Esta secção descreve a implementação do AOP que integra a estrutura FT no sistema operativo BOSS. Foram utilizados dois aspectos. O primeiro, mostrado na Figura 6.12, modifica a classe *TimeManager* para activar o fio *MiddlewareScheduler* (MS) no início de cada intervalo de tick do relógio. O método *TimeEvent* é chamado a partir do tick do relógio ISR. Este aspecto adiciona um aviso *após a* execução deste método (linha 5), que retoma a linha MS (resetting *waitingUntil)* se esta linha não estiver à espera de um recurso (por exemplo, semáforo).

```
01 aspecto FTFramework_1: {
02 pointtcut MSActivation()=
03         execução("%...:.: TimeManager::timeEvent()");
04
05 conselho MSActivation(): depois(){
06     if(middlewareScheduler.waitingForSignalFrom == NULL){
07         middlewareScheduler.waitingUntil=0;
08}
09 };
```

Figura 6.12: Aspecto da activação do MiddlewareScheduler.

O segundo aspecto é apresentado na Figura 6.13. Este aspecto introduz atributos e métodos FT à classe *Thread*, e também aconselha o seu construtor (linha 33). A classe *FTThreadSlice* denominada slice define um conjunto de membros de dados e funções de membros que serão adicionados à classe *Thread* (linha 31). A maioria dos métodos são funções virtuais e têm implementações vazias ou por defeito (ver Tabela 5.1). Outros, tais como *initFTThread* e *setFTStrategy,* são funções não-inline cujas implementações são definidas nas linhas 26 e 27.

Como resultado do código de aspecto definido na Figura 6.13, o AspectC++ anexará o *FTThreadSlice* à declaração de classe *Thread* (em Thread.h), mas a implementação do *initFTThread* e *setFTStrategy* será adicionada ao ficheiro de implementação *Thread* (Thread.cc).

```
01   classe de fatias FTThreadSlice {
02   público:
03     enum FTType{NONE, FT, VOTER};
04     FTType myFTType;
05     bool isRunningFT;
06     bool isVoting;
07
08     FTStrategy * ftStrategy;
09     bool hasState;
10
11     variante do vazio virtual1(){} {}
12     variante do vazio virtual2(){} {}
13     variante do vazio virtual3(){} {}
14     virtual void saveCheckpoint(){}
15     virtual void restoreCheckpoint(){}
16     virtual bool acceptanceTest(){retorno verdadeiro;}
17     virtual void sendResult(){}
18     vazio virtual noFailure(){}
19     virtual int getState(char * stateBuff) {retorno 0;}
20     setState(int size, char * stateBuff){} virtual void
21
22     initFTThread() nulo;
23     setFTStrategy() nulo;
24   };
25
26   fatia vazia FTThreadSlice::initFTThread() {...};
27   slice void FTThreadSlice::setFTStrategy() {...};
28
29   aspecto FTFramework_2{
30
31     conselho "Thread" : fatia FTThreadSlice;
32
33     construção de conselhos ("Thread"): depois() {
34       tjp->target()-> initFTThread();
35     }
36   };
```

Figura 6.13: Aspecto para introduzir atributos e métodos de FT na classe *Thread.*

6.2.3 Discussão

A aplicação do AOP para integrar a estrutura FT no sistema operativo permite uma separação física completa da estrutura FT do código do sistema operativo. Esta abordagem resolve o problema descrito na Secção 5.6 em relação à manutenção de mais de uma versão da mesma classe de sistema operativo, a fim de construir opcionalmente o sistema operativo sem suporte FT.

6.3 Tolerância de falhas do sistema operativo

A aplicação de tolerância a falhas ao nível do sistema operativo requer a implementação de mecanismos de detecção de erros, tal como apresentado na Secção 2.3. Estes mecanismos envolvem a execução de processamento extra em pontos pré-definidos do código do sistema operativo, também denominados asserções executáveis. As asserções podem verificar se as condições prévias e as condições posteriores são cumpridas ao executar uma determinada funcionalidade do sistema operativo. Os mecanismos de detecção de erros podem também aplicar verificações estruturais para detectar erros em variáveis e estruturas de dados. A redundância de informação é normalmente utilizada para permitir a detecção de erros em estruturas de dados.

A aplicação de mecanismos de detecção de erros ao nível do sistema operativo resulta em custos de recursos, tais como o tamanho da memória e as despesas gerais de tempo de execução. Portanto, a tolerância a falhas ao nível do sistema operativo é normalmente evitada em sistemas incorporados com restrições de recursos. Contudo, para sistemas que exigem um elevado nível de fiabilidade, tais como aplicações críticas em termos de segurança, a implementação de mecanismos de FT no sistema operativo pode ser de grande importância.

Nesta secção apresentamos como implementar mecanismos de detecção de erros a nível do sistema operativo utilizando o AOP. Os exemplos apresentados são inspirados pelo trabalho com invólucros de contenção de falhas [13, 100]. Os invólucros são utilizados para implementar a interface entre o código da aplicação e o SO, controlando o fluxo de informação e aplicando mecanismos de detecção de erros e de tratamento de erros. Os invólucros propostos destinavam-se a ser utilizados para detectar erros em microkernels fora de prateleira cujo código fonte não está disponível para modificações. No entanto, a aplicação de invólucros sem informação sobre o estado do SO interno tem uma capacidade limitada de detecção de erros. Consequentemente, os invólucros propostos requerem o acesso a alguns dados de SO internos seleccionados através de uma meta-interface, a que se acede através de programação em meta-nível. Os mesmos predicados, ou invariantes, definidos em [100] para a detecção de erros semáforos são aqui implementados no sistema operativo BOSS, utilizando o AOP.

6.3.1 Detecção de erros semáforos

Os semáforos em BOSS foram descritos na Secção 4.2.2. Como mostrado na Figura 4.3, a classe *Semáforos* tem dois métodos principais *(entrar* e *sair)* e um atributo *contador* para manter um registo do número de recursos disponíveis.

São definidos dois predicados para a operação de semáforo [100]. O primeiro predicado define uma condição em que o atributo contador é consistente com o número de chamadas para os métodos de *entrada* e *saída*, tal como indicado na equação (1). O valor actual do atributo *contador* deve ser igual ao seu valor inicial menos o número de chamadas para os métodos de *entrada* e mais o número de chamadas para os métodos de *saída*:

contador = init_value - #enter + #leave   (1)

A implementação deste predicado como uma afirmação de execução exige a introdução de três novos atributos à classe Semaphore (init_value, #enter e #leave).

O segundo predicado define uma condição na qual o valor do atributo do contador é consistente com o número de fios suspensos à espera do semáforo. Este predicado é representado pela Equação (2), em que o número de fios suspensos deve ser igual ao máximo entre zero e o valor negado do atributo contador actual. Por exemplo, se o atributo contador for -3, deve haver 3 fios suspensos à espera deste semáforo, mas se o atributo contador for maior ou igual a zero, nenhum fio está suspenso.

#Suspenso = máx(0, -contador)   (2)

A implementação deste predicado como uma asserção de execução exige a implementação de um procedimento de busca para a contagem do número de fios suspensos à espera do semáforo.

Os predicados descritos acima podem ser aplicados como pré-condições ou pós-condições da operação do semáforo nas chamadas para os métodos de *entrada* e *saída*.

Na Secção 6.3.3 apresentamos como implementar a verificação dos predicados acima na classe *Semaphore* do sistema operacional BOSS, utilizando a Programação Orientada ao Espectro (Aspect-oriented Programming).

6.3.2 Geração de códigos

O processo de geração de código aplicado para introduzir tolerância a falhas ao nível do SO é o mesmo descrito na Secção 6.2.1. Os aspectos utilizados para a tolerância a falhas de OS são representados na Figura 6.10 e Figura 6.11 como "Aspectos de OS", à semelhança dos aspectos de integração da estrutura de FT no OS.

6.3.3 Implementação AOP

A Figura 6.14 mostra o código de aspecto para implementar o primeiro predicado para a detecção de erros semáforos, descrito pela Equação (1) na Secção 6.3.1.

```
01   classe de fatia CounterSlice {
02      int inicialCounter;
03      int enterCounter;
04      int leaveCounter;
05      chequeCounter() nulo;
06   };
07
08   fatia de CounterSlice void::checkCounter(){
09      int calculatedCounter = initialCounter
10                         - enterCounter + leaveCounter;
11
12      if(contador != Contador calculado)
13         doErrorHandling();
14   }
15
16   aspecto SemaErrorDetect1{
17
18      conselho "Semáforo": fatia de CounterSlice;
19
20      construção de conselhos("Semáforo"): depois(){
21        tjp->alvo()->contador inicial = tjp->alvo()->contador;
22        tjp-> target()-> enterCounter = 0;
23        tjp-> target()-> leaveCounter = 0;
24      }
25
26      execução do conselho("% Semáforo::enter(...)") : antes() {
27        tjp->target()-> checkCounter();
28        tjp-> target()-> enterCounter += 1;
29      }
30
31      execução do conselho("%Semaphore::leave(...)") : antes() {
32        tjp->target()-> checkCounter();
33        tjp-> target()-> leaveCounter += 1;
34      }
35   };
36
```

Figura 6.14: Aspecto da detecção de erros semafóricos para o primeiro predicado.

CounterSlice define os novos atributos (linhas 2-4) para a classe *Semaphore* que são necessários para a execução do primeiro predicado, bem como o método *checkCounter* (linha 5), que implementa a Equação (1) nas linhas 9-10 e chama uma rotina de tratamento de erros se a asserção falhar (linha 13). Como é difícil diagnosticar e corrigir o estado do sistema após este tipo de erro, um possível procedimento de tratamento de erros pode ser o de reiniciar o nó. O aspecto *SemaErrorDetectl* aplica o *CounterSlice* à classe *Semaphore* (linha 18) e define três conselhos. O primeiro conselho (linha 20), inicializa os atributos introduzidos no construtor da classe *Semaphore*. O segundo conselho (linha 26), verifica o predicado antes da execução do método *enter* e depois incrementa o atributo *enterCounter*. O terceiro conselho (linha 31), verifica o predicado antes da execução do método *leave e depois incrementa o* atributo *leaveCounter.*

A implementação do predicado na Equação (2) é apresentada na Figura 6.15. Este código de aspecto utiliza uma fatia *(SuspendedSlice}* que define dois novos métodos para a classe *Semaphore*: *checkSuspended e numberOfSuspended.* O primeiro método implementa o predicado (linha 6) usando o segundo método (linha 13) como uma função utilitária que devolve o número de fios suspensos pelo semáforo. A implementação do método *numberOfSuspended* não é mostrada. O aspecto *SemaErrorDetect2* introduz o *SuspendedSlice* na classe *Semaphore* e define conselhos para executar o *checkSuspended* antes da execução dos métodos de *entrada* e *saída.*

As implementações do AOP apresentadas na Figura 6.14 e Figura 6.15 aplicam os predicados como condições prévias às operações de semáforo. As implementações considerando os predicados como condições prévias podem ser realizadas utilizando *após* conselhos.

A configuração da funcionalidade do semáforo, ou seja, se não for utilizada tolerância a falhas, ou se for utilizado um ou mais mecanismos de detecção de erros, pode ser decidida em tempo de compilação, incluindo ou não os aspectos acima referidos. O AOP permite uma modularização completa do código de tolerância a falhas, mantendo inalterada a implementação do semáforo original.

No entanto, as implementações AOP apresentadas a este ponto têm uma falha grave: não há exclusão mútua entre o procedimento de detecção de erros e o funcionamento normal do semáforo. Uma condição de corrida pode ocorrer, por exemplo, se um fio for suspenso durante a execução de um procedimento de detecção de erro e outro fio de corrida executar uma operação no mesmo semáforo. Nesta situação, é possível que o mecanismo de detecção de erros resulte numa indicação falsa. A fim de resolver este problema, devem ser utilizados primitivos de sincronização no código de aspecto.

```
01   classe de fatias SuspendedSlice{
02      cheque nuloSuspended();
03      int numberOfSuspended();
04   };
05
06   fatia vazia SuspendedSlice::checkSuspended(){
07      int calculadoSuspended =(contador >= 0 ? 0 : contador*(-
08
09      if( mumberOfSuspended != calculadoSuspended)
10         doErrorHandling();
11   }
12
13   slice int SuspendedSlice::numberOfSuspended(){...}
14
15   aspecto SemaErrorDetect2{
16
17      conselho "Semaphore": fatia SuspendedSliceSlice;
18
19      execução do conselho("% Semáforo::enter(...)") : antes() {
```

```
20          tjp->target()-> checkSuspended();
21      }
22
23      execução do conselho("%Semaphore::leave(...)") : antes() {
24          tjp->target()-> checkSuspended();
25      }
26  };
```

Figura 6.15: Aspecto da detecção de erros semafóricos para o segundo predicado.

O aspecto mostrado na Figura 6.16 resolve o problema de sincronização descrito acima. Este aspecto injeta o mecanismo de exclusão mútua (desactivação do despacho) na implementação do semáforo. Em preparação para a aplicação deste aspecto, os métodos Semaphore *entram* e *saem* foram modificados a fim de exporem as suas secções críticas, que foram encerradas pelos novos métodos de *entrada* e *saída*. Além disso, as chamadas originais aos procedimentos de exclusão mútua foram removidas. O aspecto *SemaSyncronize* define a execução da *entrada* e *saída* como um ponto para conselhos de sincronização (linhas 3-4). O conselho *anterior* na linha 6 desactiva o envio de outros tópicos, chamando o método de *agendamento disableDispatch* (ver secção 4.2.2), enquanto que o conselho *posterior* na linha 10 permite o envio novamente chamando *enableDispatch*. Os aspectos *SemaErrorDetect1* (Figura 6.14) e *SemaErrorDetect2* (Figura 6.15) devem ser modificados para aconselhar sobre métodos de *entrada* e *saída,* em vez de métodos de *entrada* e *saída*.

```
01  aspecto SemaSyncronize{
02
03      pointcut sync()= execution(% ...::Semáforo::enter_in(...) |||
04                       execution(% ...::Semaphore::leave_in(...);
05
06      sincronia de conselhos(): antes() {
07        scheduler.disableDispatch();
08      }
09
10      sincronia de conselhos(): depois() {
11        programador.enableDispatch();
12      }
13
14      advice sync(): ordem("SemaSyncronize", "SemaErrorDetect1");
15      advice sync(): ordem("SemaSyncronize", "SemaErrorDetect2");
16      sincronia de conselhos(): ordem("SemaErrorDetect1",
17  };
```

Figura 6.16: Aspecto de sincronização aplicado à classe *Semáforo*.

A precedência dos vários conselhos *anteriores* que afectam o ponto de *sincronização* é definida pelos conselhos que ordenam as declarações nas linhas 14-16. Três aspectos podem injectar código nestes pontos de junção (execução da *entrada* e *saída nos* métodos): *SemaErrorDetect1, SemaErrorDetect2* e *SemaSyncronize,* todos eles aconselhando antes dos pontos de junção. As declarações de ordem dadas estabelecem a seguinte precedência, do mais alto para o mais baixo: *SemaSyncronize, SemaErrorDetect1* e *SemaErrorDetect2*. Portanto, o aspecto de sincronização é o primeiro *antes do* aconselhamento a ser executado e desactiva o envio durante todo o período relativo à detecção de erros e operação de semáforo crítico. O aviso *após o* restabelecimento do mecanismo de despacho é executado após a saída da secção crítica do semáforo.

A Figura 6.17 mostra um diagrama de sequência representando o comportamento do método *enter* após a tecelagem. Neste exemplo de implementação do sistema operacional FT, pudemos ver como o AOP foi capaz de compor três preocupações transversais: funcionalidade básica do semáforo, tolerância a falhas e sincronização. Em especial, o aspecto de sincronização *SemaSyncronize* pode ser modificado para aplicar este tipo de mecanismo de exclusão mútua em outras funcionalidades do sistema operativo, apenas adicionando os pontos de junção desejados ao ponto de *sincronização* na Figura 6.16. Esta experiência foi realizada no contexto deste trabalho e foi relatada em [4].

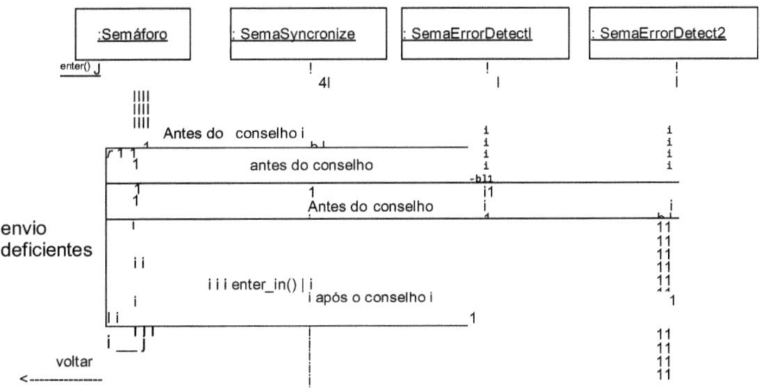

Figura 6.17: Diagrama de sequência de introdução do
método *Semaphore.*

6.3.4 Discussão

Os exemplos apresentados na secção anterior mostram que o AOP pode ser utilizado eficazmente para introduzir a tolerância a falhas ao nível do sistema operativo. No contexto deste trabalho, esta abordagem não foi mais explorada, uma vez que o nosso principal alvo da introdução da tolerância a falhas foi o nível de aplicação. Os exemplos aqui apresentados foram inspirados em invólucros de contenção de falhas, mas outros mecanismos de tolerância a falhas podem ser aplicados.

6.4 Configuração do projecto usando AOP

Tal como discutido nas secções anteriores, a aplicação do AOP em projectos que envolvam um sistema operacional, estruturas e aplicações pode fazer uso de diversos processos de geração de códigos. Além disso, utilizando o AOP, a configuração do projecto depende do conjunto de aspectos a serem tecidos no código base, que devem ser definidos antes da geração do código. A AspectC++ apenas considera no processo de tecelagem os aspectos contidos nos ficheiros com a extensão .ah. Assim, a forma mais simples de desactivar um aspecto é renomear o ficheiro de aspecto com uma extensão diferente (por exemplo . ah_off). Outra opção é copiar os ficheiros de aspecto seleccionados de um repositório para o directório do projecto.

Uma importante questão de configuração do projecto é lidar com duas ou mais versões de um código-fonte base. Os seguintes tipos de versões de software de código base podem coexistir num projecto:

- A versão original. Esta versão pode ter uma ou mais funcionalidades que podem ser introduzidas por aspectos. Um exemplo desta situação é a versão original da classe Semaphore em BOSS, que utiliza funcionalidades de sincronização, como descrito na Secção 6.3.3.

- Uma versão refacturada para aplicação da funcionalidade AOP. Pode ser necessária alguma refactoring no código fonte para permitir a aplicação AOP, como por exemplo, a criação de novos métodos para expor pontos conjuntos ao código de aspecto, como descrito para a classe Semaphore na secção 6.3.3.

- Uma versão modificada sem uma funcionalidade implementada anteriormente. Esta consiste numa versão modificada que teve alguma funcionalidade removida do código base a fim de ser introduzida por aspectos.

Portanto, se um projecto pode ser configurado para implementar uma dada funcionalidade com ou sem AOP, mais do que uma versão do código-fonte base deve ser mantida, o que tem impacto na manutenção e evolução do software. Possíveis cenários relacionados incluem projectos em que o AOP está a ser avaliado como uma implementação alternativa ou projectos em que o AOP é aplicado apenas para depuração e não é empregue nas versões finais. Nestes casos, pode ser necessária a gestão de mais de uma versão do mesmo ficheiro de código-fonte.

No contexto deste trabalho, a configuração do projecto teve de ser muito flexível, a fim de avaliar as implementações AOP em comparação com as implementações OOP puras. A configuração foi inteiramente baseada em scripts bash executados a partir da linha de comando do Linux. Os scripts eram utilizados para: (a) definir se o AOP é aplicado; (b) definir o processo de geração de código AOP; (c) activar ou desactivar aspectos individuais; e (d) seleccionar ficheiros de código fonte base a serem utilizados no processo de geração de código. Idealmente, os projectos orientados para o aspecto devem ter a sua configuração apoiada por ferramentas gráficas especiais utilizadas para o desenvolvimento de software da linha de produtos, tais como puros::variantes [95]. Uma abordagem alternativa poderia ser a adopção da linguagem de configuração utilizada para a construção do kernel Linux e um sistema de buildroot com suporte gráfico como o xconfig e o gconfig.

6.5 Resumo

Este capítulo descreveu como aplicar a Programação Orientada para o Espectro (Aspect-Oriented Programming) para apoiar a implementação da tolerância a falhas a vários níveis e propósitos de software.

O principal alvo da aplicação AOP é a introdução de tolerância a falhas ao nível da aplicação, utilizando a estrutura FT descrita no capítulo anterior. Esta abordagem pode ser utilizada para transmitir a tolerância a falhas a uma aplicação existente sem modificar o seu código fonte. Além disso, modulariza o código tolerante a falhas com vantagens em termos de flexibilidade e manutenção. A implementação baseia-se na definição de aspectos abstractos gerais para cada estratégia FT e aspectos concretos específicos da aplicação que definem o fio condutor e os parâmetros necessários e métodos adicionais para a execução da estratégia FT. Os aspectos abstractos e concretos foram explicados com base num exemplo de aplicação FT utilizando DRB e NVP.

A utilização do AOP para aplicar tolerância a falhas ao nível da aplicação tem vários benefícios: reduz erros na introdução de tolerância a falhas em sistemas antigos; permite a validação da parte funcional com antecedência; e contribui para o desenvolvimento de linhas de produtos e reutilização de códigos. A principal desvantagem da aplicação AOP para o desenvolvimento de sistemas incorporados é o apoio limitado em termos de tecelões e ferramentas de tecelagem de aspectos.

A integração da estrutura FT no sistema operacional também tem sido discutida. Anteriormente integrada no sistema operativo, a estrutura FT foi completamente separada do código do sistema operativo, permitindo que a sua integração opcional fosse adiada para o tempo de tecelagem/compilação. Esta modularização reflecte-se numa manutenção mais fácil do software e na redução do espaço de memória para aplicações não FT.

Este capítulo também descreveu a aplicação do AOP para implementar a tolerância a falhas no SO, acrescentando mecanismos de detecção de erros de tolerância a falhas implementados como asserções executáveis que verificam previsões ou invariantes relacionados com a funcionalidade básica do SO. A funcionalidade FT é introduzida por aspectos que podem ser opcionalmente seleccionados. A aplicação do AOP para este fim, bem como a relação entre a tolerância a falhas e as preocupações de sincronização foi exemplificada utilizando a funcionalidade semáforo em BOSS.

Embora o AOP vise simplificar a manutenção do software, pode haver projectos em que as versões AOP e OOP puro devem coexistir. Nesta situação, várias versões do código base devem ser mantidas, com impacto na manutenção e evolução do software e aumentando a complexidade do processo de configuração do projecto; por conseguinte, recomenda-se a utilização de uma ferramenta gráfica de configuração da linha de produtos.

Capítulo 7

Estudos de caso e avaliação

Este capítulo descreve os estudos de caso desenvolvidos para testar a estrutura FT proposta e compara o desempenho e os custos de várias configurações e implementações. São apresentados dois estudos de caso: uma aplicação de triagem e uma aplicação de filtragem por radar. A descrição do ambiente de desenvolvimento e teste aplicado neste trabalho é inicialmente apresentada.

7.1 Desenvolvimento e ambiente de teste

Esta secção descreve o ambiente de desenvolvimento e teste, incluindo os sistemas alvo e anfitrião e ferramentas de software relacionadas.

7.1.1 Sistemas-alvo

A placa alvo seleccionada para o ambiente de teste foi a placa STK823L do STK823L starter kit da TQ Components [113]. A placa utiliza um microprocessador MPC823, que integra um processador incorporado PowerPC de alto desempenho com um Módulo Processador de Comunicação (CPM) e uma Unidade de Interface de Sistema (SIU). Este microprocessador tem uma arquitectura RISC de 32 bits com 2 KB de cache de instruções e 1 KB de cache de dados. O CPM fornece suporte para Ethernet, comunicações em série incluindo USB, I2C e SPI. O SIU contém um controlador de memória, um relógio em tempo real e uma interface PCMCIA. O microprocessador é montado num módulo TMQ823L que fornece 8 MB de memória flash e 16 MB de SDRAM. Um relógio de 80 MHz é utilizado neste módulo, o que resulta numa potência de processamento de cerca de 100 MIPS. Este módulo é ligado à placa principal STK823L que fornece conversão DC de energia e vários conectores para E/S e depuração.

A comunicação entre placas PowerPC no ambiente de teste foi realizada utilizando uma rede Ethernet. A figura 7.1 mostra uma configuração de teste utilizando três placas PowerPC 823 e um computador portátil ligado por interfaces Ethernet.

Como mencionado na Secção 4.1, o sistema operativo BOSS tem uma versão que corre em cima do sistema operativo Linux. Portanto, qualquer hardware a correr Linux é um alvo potencial para aplicações BOSS. De facto, os computadores portáteis e de secretária foram amplamente utilizados como alvos nas fases de desenvolvimento e teste deste trabalho. A fim de melhorar o comportamento em tempo real das aplicações BOSS que correm sobre Linux, foi implementada uma modificação na versão Linux do BOSS, alterando a prioridade de programação do processo BOSS para o mais alto do sistema. Nas configurações dos estudos de caso apresentados mais adiante neste capítulo, foi utilizado um computador portátil para funcionar como sensor ou actuador. No entanto, a utilização de computadores pessoais (PC) para implementar

As aplicações tolerantes a falhas foram evitadas, porque este trabalho visa proporcionar tolerância a falhas aos sistemas incorporados.

Figura 7.1: Ambiente de teste.

7.1.2 Sistema anfitrião

O sistema anfitrião utilizado neste trabalho consistia num PC com Linux e um crosscompiler baseado nas versões GNU gcc 3.2.3 ou superior. Foram utilizadas várias distribuições Linux, tais como Fedora Core 3/4/5, e Ubuntu 5.04. A versão de tecelão AspectC++ foi 1.0pre3.

A cadeia de ferramentas de compilação cruzada recebida da FIRST utiliza uma versão antiga do GNU gcc (2.9) que não é compatível com as versões actuais da AspectC++. Portanto, neste trabalho, várias outras cadeias de ferramentas foram testadas, incluindo uma construída a partir do zero. Eventualmente, a cadeia de ferramentas cross-compiler MPC8xx POMP [33] foi seleccionada devido à sua melhor compatibilidade com as bibliotecas PowerPC recebidas de FIRST.

7.1.3 Portando BOSS para o quadro alvo

O sistema operacional BOSS tinha sido previamente portado para uma placa baseada em PowerPC 823 (módulo transCON do Yacoub Automation [123]) pelo FIRST institute. No entanto, a placa TQ seleccionada como alvo tinha uma configuração diferente em termos de frequências de relógio e configuração de memória. Consequentemente, o código de inicialização e as bibliotecas PowerPC recebidas do FIRST tiveram de ser modificados a fim de funcionarem na nova placa. Diferentemente da porta original, nesta porta o programa monitor recebido do fornecedor da placa é mantido na memória flash e inicia a inicialização da placa, transferindo o controlo para o código do SO numa posição específica da memória flash (se um jumper for removido). O código de inicialização do SO conclui a inicialização do quadro e finalmente carrega o SO e o código de aplicação para SDRAM e salta para ele. Esta configuração permite a utilização do software de monitorização do fornecedor da placa para carregar programas em SDRAM ou memória flash, se o referido jumper não for removido. A interface com a placa alvo para carregamento e depuração de programas é baseada na comunicação EIA-232 a 115 kbps.

7.2 Estudo de caso I: aplicação de triagem

O primeiro estudo de caso desenvolvido para avaliar a aplicação da estrutura FT foi uma aplicação de triagem. Esta aplicação visa ordenar um conjunto de números inteiros gerados aleatoriamente, utilizando diferentes algoritmos como variantes: Inserção Sort, Selecção Sort e Bubble Sort. Escolhemos uma aplicação de ordenação porque são normalmente utilizadas como casos de teste para estratégias de tolerância a falhas de software, tais como a descrita em [120].

7.2.1 Configurações de teste

Neste estudo de caso foram utilizadas as seguintes configurações: não tolerante a falhas (não FT), RB, DRB e NVP. Figura 7.2, Figura 7.3 e Figura 7.4 mostram estas configurações para não tolerante a falhas (não-FT/RB, DRB e NVP, respectivamente). Nestas figuras, as mensagens difundidas são representadas por autocarros com o assunto da mensagem no topo.

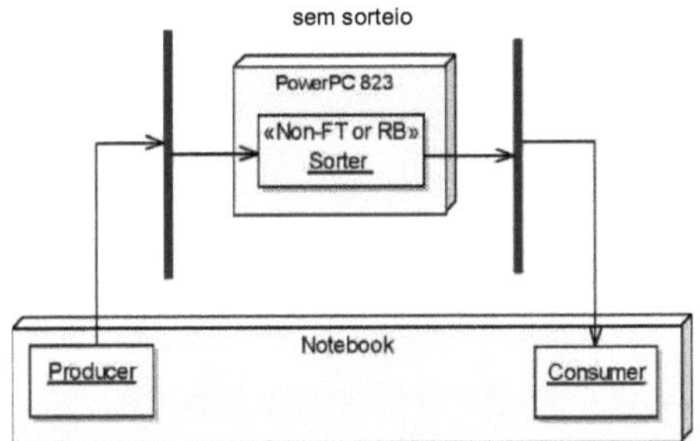

Figura 7.2: Estudo de caso I - configuração não FT ou RB.

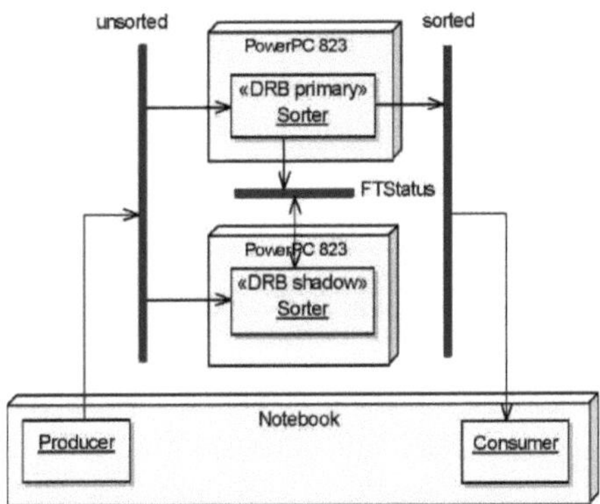

Figura 7.3: Estudo de caso I - Configuração DRB.

O fio *Producer* é um fio BOSS que corre sobre o Linux no computador portátil e gera 200 números inteiros que são enviados por uma mensagem externa para a rede usando a string "unsorted" como assunto. O fio *Produtor* envia esta mensagem periodicamente (a cada 2 segundos).

O fio *Sorter* é um fio BOSS que corre nas placas PowerPC e ordena os números recebidos usando diferentes algoritmos de ordenação. Na configuração não-TF, apenas um algoritmo é executado e nenhum mecanismo FT é aplicado. Nas configurações RB e DRB, Insertion Sorts corre como o bloco primário e Selection Sort corre como o bloco de recuperação. Na configuração NVP, cada nó executa um algoritmo diferente: Inserção Sort como variante 1, Selecção Sort como variante 2 e Bubble Sort como variante 3. A matriz ordenada de inteiros é enviada por uma mensagem usando "ordenado" como assunto em todas as configurações excepto NVP, em que o assunto "não provocado" é usado. No caso da configuração NVP, cada nó tem um fio *Voter* adicional que define o resultado final com base na entrada de mensagens "não convocadas". Para esta configuração NVP em particular é aplicada a votação livre, e portanto todos os eleitores enviam os seus resultados concomitantemente.

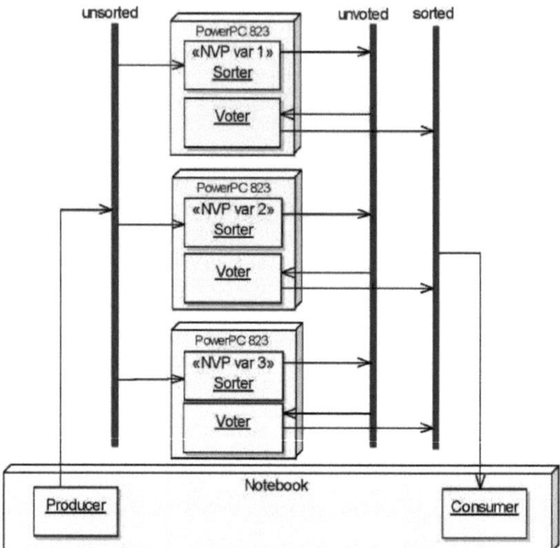

Figura 7.4: Estudo de caso I - Configuração NVP.

O Caderno do *Consumidor* é um fio BOSS que corre sobre o Linux no bloco de notas. Recebe mensagens com "classificado" como assunto e exibe os seus dados no ecrã do computador para verificação. Além disso, calcula o tempo total de execução da aplicação de classificação, considerando o intervalo de tempo desde o momento em que o tópico *Produtor* está prestes a enviar uma mensagem até ao momento em que a mensagem resultante é recebida por este tópico. Como discutido na Secção 4.4.1, as mensagens redundantes dos eleitores podem ser automaticamente descartadas pelo middleware BOSS com base na identificação da mensagem gerada pelo thread *Produtor* e propagada pelos threads *Sorter* e *Voter*.

Neste estudo de caso, os fios *Sorter* são stateless, e portanto as versões FT destes fios não precisam de implementar os métodos *getState* e *setState* descritos na Secção 5.3.3 e referidos na Tabela 5.1.

7.2.2 Medições do tempo de execução

Nesta experiência, foram medidos os tempos de execução das configurações descritas na secção anterior. Um **tempo total de execução** é definido como o intervalo de tempo entre o envio de uma mensagem com assunto "não classificado" (pelo fio do *Produtor*) e a recepção da mensagem com assunto "classificado" (no fio do *Consumidor*). Um **tempo de execução local é definido como o intervalo de** tempo entre a recepção de uma mensagem com assunto "não classificado" (no tópico *Classificador*) e o envio da mensagem com assunto "classificado" (por um tópico *Classificador* ou *Eleitor*). Consequentemente, os tempos de execução local excluem qualquer sobrecarga de comunicação entre o computador portátil e as placas PowerPC.

Os tempos de execução para várias configurações e condições de falha são mostrados na Tabela 7.1 e na Tabela 7.2. A Tabela 7.1 apresenta os tempos de execução **local**, enquanto que a Tabela 7.2 apresenta os tempos **totais** de execução. Os resultados mostrados nestas tabelas consistem numa média de 10 execuções. A Tabela 7.3 apresenta as definições de tempo utilizadas neste estudo de caso para as várias configurações, uma vez que têm efeito em alguns tempos de execução medidos.

Quadro 7.1: Estudo de caso I - tempo de execução local.

Configuração	Condições de falha			
	Sem falhas	**Falha na variante 1**	**Falha em um nó**	**Falha em dois nós**
Tipo de inserção	1743	-	-	-
Tipo de selecção	3511	3511	-	-
Tipo de bolha	3123	3123	-	-
RB	4250	8249	-	-
DRB	4781	8701	20375	-
NVP	9444	12716	10792	24175

Quadro 7.2: Estudo de caso I - tempo total de execução.

Configuração	Condições de falha			
	Sem falhas	Falha na variante 1	Falha em um nó	Falha em dois nós
Tipo de inserção	9704	-	-	-
Tipo de selecção	12495	12495	-	-
Tipo de bolha	10918	10918	-	-
RB	12353	17105	-	-
DRB	12690	17339	27932	-
NVP	18815	21345	19907	32504

Tabela 7.3: Estudo de caso I - definições de tempo.

Configuração	Valor (microssegundos)
Intervalo do relógio	2,000
RB tempo máximo de resposta	10,000
Tempo máximo de resposta DRB	20,000
Tempo máximo de resposta NVP	6,000
Tempo máximo de resposta dos eleitores	20,000

Para cada configuração, foram aplicadas quatro condições de falha. A primeira era uma condição sem falhas em qualquer variante ou nó. O algoritmo de Inserção Sort apresenta o tempo de execução mais curto, e por isso foi seleccionado para ser executado como variante 1 (bloco primário em RB/DRB). Como se vê nestas tabelas, as configurações FT têm tempos de execução mais longos devido à coordenação com o fio *MiddlewareScheduler*, como descrito no Capítulo 5. A definição do intervalo de tempo, definida neste estudo de caso para 2.000 microssegundos, afecta o tempo de execução de todas as estratégias de FT. Esta definição afecta também os tempos de comunicação entre nós, uma vez que a distribuição das mensagens externas recebidas aos fios é realizada com um período de dois tiques de relógio (4.000 microssegundos). Em especial, a configuração da NVP é supostamente a mais lenta, uma vez que é necessário tempo adicional para a divulgação e votação dos resultados. Consequentemente, o tempo máximo de resposta numa configuração de NVP está ligado à soma do tempo máximo de resposta dos fios NVP e Voter.

144

A Figura 7.5 apresenta uma comparação gráfica das várias configurações para a condição de ausência de falhas. A parte esquerda do gráfico está relacionada com os tempos de execução local, enquanto que a parte direita do gráfico está relacionada com os tempos totais de execução. As linhas acima das barras representam o desvio padrão em 10 medições. As configurações que dependem das comunicações de mensagens apresentam os maiores desvios padrão.

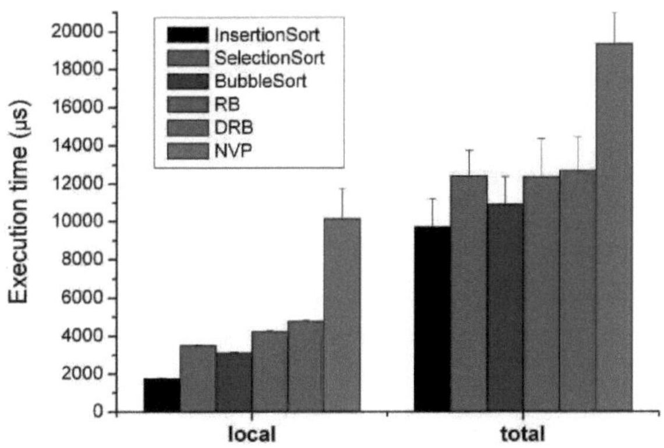

Figura 7.5: Estudo de caso I - condição sem falhas.

A segunda condição de falha apresentada na Tabela 7.1 e Tabela 7.2 está relacionada com a falha da variante 1. Foi simulado um erro ao introduzir um número inteiro fora de ordem nos resultados do algoritmo de Inserção de Ordenação. O erro é detectado pelos testes de aceitação das estratégias de RB/DRB, o que desencadeia a execução da variante 2 (Selection Sort). Este erro é mascarado pelo mecanismo de votação em NVP, uma vez que as variantes 2 e 3 geram resultados idênticos. A Figura 7.6 mostra uma comparação dos tempos de execução local entre a condição de não falha e a condição de falha da variante 1. O tempo adicional gasto pelas configurações RB/DRB deve-se à execução da segunda variante, enquanto o tempo de execução mais longo para NVP é explicado pelo facto de os tempos de execução local serem medidos no nó que executa a variante 1, e portanto a decisão de votação só foi tomada após a recepção dos resultados dos outros dois nós.

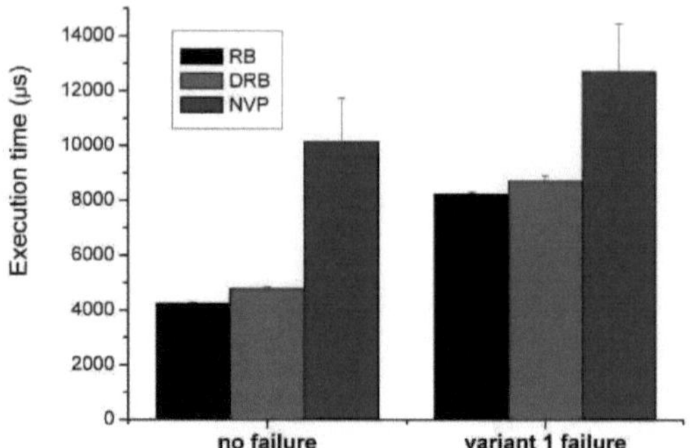

Figura 7.6: Estudo de caso I - comparação entre condições de ausência de falhas e a variante 1 de falhas.

A terceira condição de falha apresentada na Tabela 7.1 e na Tabela 7.2 está relacionada com uma falha silenciosa de um nó. Nesse caso, as configurações não-FT falham tão bem como as configurações FT de nó único como RB. Esta falha foi simulada desligando o primeiro nó (o da variante 1 em execução). Antes de o desligar, este nó está a actuar como nó primário na configuração DRB. As medições dos tempos de execução local foram tomadas no segundo nó (variante em execução 2).

Uma comparação dos tempos de execução local entre a condição de não falha e a condição de falha de um nó é mostrada na Figura 7.7. O tempo de execução NVP não é muito afectado, pois o eleitor no segundo nó chegará a uma decisão após receber uma mensagem do fio NVP local e a mensagem externa do fio NVP do terceiro nó. Contudo, para a configuração do DRB, a falha do nó primário tem de ser detectada pelo nó sombra e consequentemente o tempo máximo de resposta do DRB de 20.000 microssegundos é tido em conta (ver Quadro 7.3). Este maior tempo de execução para a configuração do DRB só se aplica à primeira activação após uma falha do nó primário, porque o nó sombra mudará o seu papel para primário e o tempo de execução cairá para o mesmo valor da condição de não falha. A configuração RB não sobrevive a uma falha do nó e consequentemente o seu tempo de execução não é representado na Figura 7.7 para esta condição.

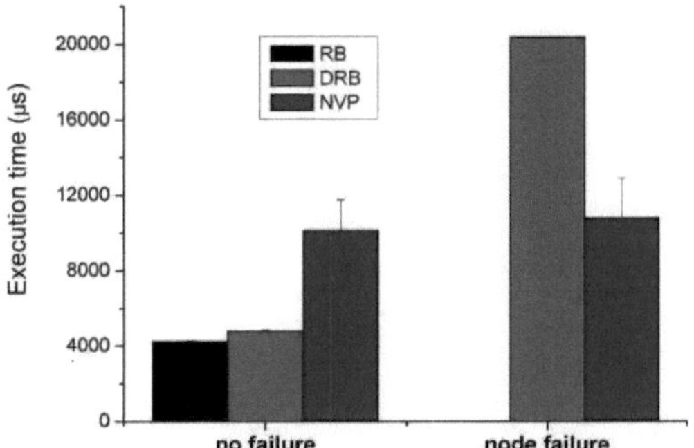

Figura 7.7: Estudo de caso I - comparação entre as condições de ausência de falhas e de falha de um nó.

Finalmente, a última condição de falha apresentada na Tabela 7.1 e na Tabela 7.2 está relacionada com a falha silenciosa de dois nós. Se essa situação ocorrer, apenas a configuração NVP é bem sucedida. Nesse caso, o tempo de execução da NVP depende do prazo de votação, que é determinado pelo tempo máximo de resposta do fio condutor do *eleitor* (ver Tabela 7.3).

7.2.3 Custos de execução

Os resultados dos tempos de execução obtidos neste estudo de caso estão em conformidade com os detalhes de implementação da estrutura FT descritos na Figura 5.5 e validam a funcionalidade correcta da estrutura. Contudo, foi definida uma configuração mais exigente a fim de medir os tempos de execução impostos pela estrutura FT, considerando diferentes implementações de versões, utilizando ou não o AOP (Secção 6.1) e a programação FT (Secção 5.4.2).

A medição das despesas gerais de funcionamento nestas experiências baseia-se na utilização da CPU. O fio inactivo BOSS calcula a soma da utilização da CPU de todos os outros fios (incluindo os fios do SO e da aplicação) com base nos seus períodos inactivos.

Esta configuração de teste consistiu na mesma aplicação de ordenação, mas agora a ser executada simultaneamente por 8 fios de *ordenação numa* única placa de destino, como mostrado na Figura 7.8. O fio *Produtor* corre periodicamente na placa de destino e gera 5 números inteiros aleatórios que são enviados para o fio *Claster* utilizando uma mensagem local. São implementadas duas versões de tópicos de *Sorter*: não-FT e RB. Em ambas as versões, nenhum erro é simulado e estas versões executam sempre o algoritmo Insertion Sort. No final do seu processamento, os tópicos *Sorter* preparam a mensagem de saída com os resultados da ordenação, mas esta mensagem não é enviada de modo a diminuir a utilização da CPU.

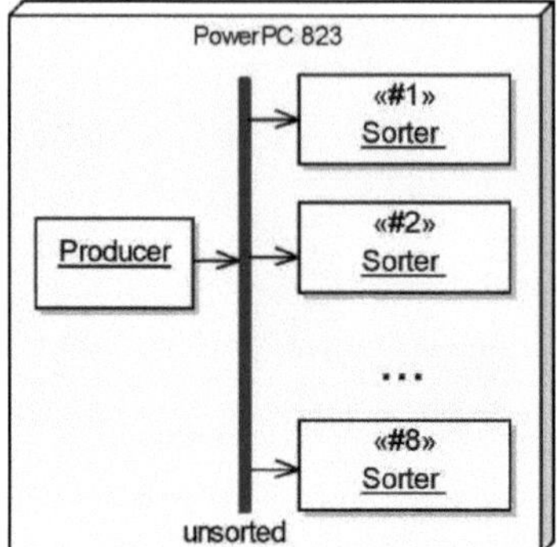

Figura 7.8: Estudo de caso I - Configuração da utilização da CPU.

Nesta experiência, foram avaliadas cinco versões de software diferentes:

• Não-TF #1: nesta versão os fios *Sorter* não aplicam qualquer tolerância a falhas e o programa de aplicação foi ligado a uma versão do sistema operativo sem a estrutura FT.

• Não-TF #2: o mesmo que acima, mas ligado a uma versão do sistema operativo integrado ao quadro FT.

• FT: nesta versão, os fios *Sorter* aplicam a estratégia RB.

• FT-AOP: o mesmo que FT, mas utilizando o AOP para implementar a tolerância a falhas.

• FT-Sched: o mesmo que FT, mas implementando a programação FT.

Os resultados de utilização da CPU relacionados com cada versão para várias frequências de activação do fio do *Produtor* são mostrados na Figura 7.9 e representam uma utilização média da CPU durante um período de um minuto, utilizando a optimização máxima do compilador (O2).

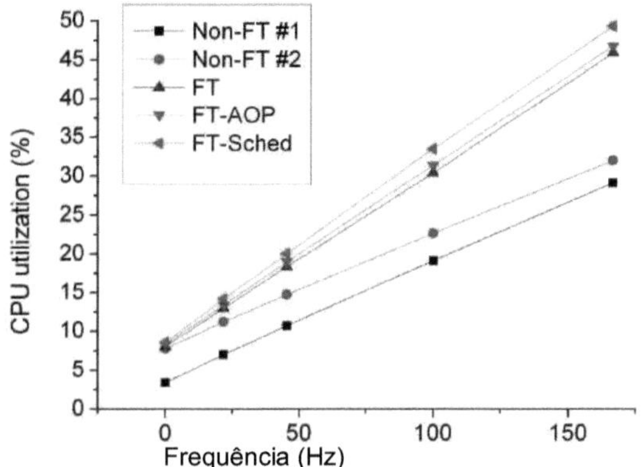

Figura 7.9: Estudo de caso I - Resultados da utilização da CPU.

Na Figura 7.9, uma frequência zero indica uma condição em que o fio do *Produtor* está sempre suspenso e, portanto, não é realizada qualquer triagem. Outras frequências traçadas neste gráfico correspondem aos seguintes períodos de activação do fio *Produtor*: 46, 22, 10 e 6 milissegundos. Como se pode notar, a utilização da CPU é directamente proporcional à frequência de activação. A frequência mínima de activação seleccionada para esta experiência foi de 6 ms, que é um múltiplo do intervalo de 2 ms do relógio. Foi verificado que este período é suficiente para entregar todas as mensagens de entrada aos fios do *Sorter* no primeiro período de tick do relógio, para executar o teste de ordenação/aceitação no segundo período e para preparar os resultados para envio no último período.

A diferença na utilização de CPU entre as versões Não-TF #1 e Não-TF #2 varia de 3 a 4,3%. Esta sobrecarga está relacionada com a activação do fio *MiddlewareScheduler* (MS) no início de cada período de relógio, mesmo que não existam fios FT. A utilização da CPU gasta pela MS é semelhante à utilização da versão Não-FT #1, sem threads de aplicação em execução (cerca de 3%). Nesta condição de noload, o único fio BOSS em execução é o que verifica a existência de novas mensagens externas, que é activado a cada dois períodos de tiquetaque do relógio. Se este fio for activado em cada período de tick do relógio, a utilização sem carga para a versão Não-FT #1 sobe para 6%.

Como se pode observar na Figura 7.9, a versão FT tem uma maior utilização de CPU do que as versões não-FT. Esta sobrecarga é causada pelo teste de aceitação executado no final do algoritmo de classificação e também pela coordenação entre a rosca MS e a rosca FT, tal como descrito na Secção 5.4.1.

A versão FT-AOP introduz uma pequena sobrecarga em comparação com a versão FT (não-AOP). O mesmo acontece com a versão de programação FT. Estas despesas gerais estão dependentes da frequência de activação e do número de fios FT. No pior cenário, um grande número de fios FT é executado com uma elevada frequência de activação, o que nesta experiência corresponde a 8 fios FT e 167 Hz (período de 6ms). A Figura 7.10 apresenta uma representação gráfica dos resultados da utilização da CPU para tal situação, considerando duas optimizações diferentes de compilação: O2 (máximo) e O0 (nenhum). Como se pode notar, o código optimizado reduz a utilização da CPU, especialmente no caso da implementação do AOP (cerca de 11%).

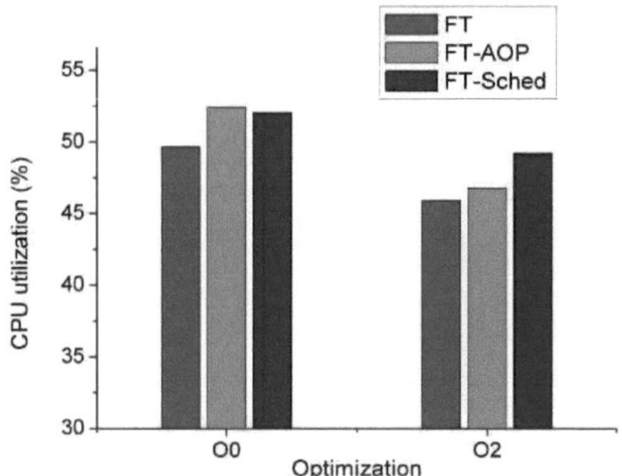

Figura 7.10: Comparação da utilização da CPU para as versões de programação AOP e FT.

Em comparação com a versão FT, a versão FT-AOP implica uma sobrecarga de 0,34% por linha FT para programas não optimizados e 0,11% por linha FT para programas optimizados. Isto corresponde a um tempo de execução extra de 21 e 6 microssegundos, respectivamente, em cada activação da rosca FT.

A comparação da versão que utiliza a programação FT com a versão FT standard mostra uma sobrecarga de 0,30% por linha FT para programas não optimizados e de 0,42% para programas optimizados.

Deve notar-se que as despesas gerais de funcionamento apresentadas acima dependem directamente da frequência de activação e esta experiência foi conduzida como um cenário de pior caso. Consequentemente, as aplicações reais terão provavelmente despesas gerais menores, uma vez que são normalmente utilizadas frequências de activação mais baixas.

7.2.4 Custos de memória

A mesma configuração utilizada para medir os custos de tempo de execução foi aplicada para determinar os custos de memória. Os resultados foram obtidos utilizando o utilitário de *tamanho*. A tabela 7.4 mostra os tamanhos das pegadas de memória em bytes para código (texto), dados e dados não inicializados (bss), considerando a opção de optimização do compilador O2. Além de considerar as versões do programa descritas na secção anterior, esta tabela também inclui a pegada de memória do sistema operativo original BOSS e a versão BOSS integrada na estrutura FT. Os resultados para estas duas versões foram obtidos compilando uma aplicação vazia utilizando as versões correspondentes da biblioteca do SO.

Tabela 7.4: Resultados da pegada de memória.

versão	texto	dados	bss	total
BOSS	53,795	3420	158,888	216,103
Estrutura BOSS + FT	61,047	4020	183,568	248,635
Não-TF #1	57,027	3708	177,664	238,399
Não-TF #2	64,263	4428	202,504	271,195
FT	64,863	4440	202,952	272,255
FT-AOP	65,067	4440	202,968	272,475
FT-Scheduling	65,247	4440	203,080	272,767

A Figura 7.11 compara as dimensões totais da memória das duas versões do sistema operativo (com e sem estrutura FT) e as suas respectivas aplicações de classificação (com e sem FT), com base nos dados da Tabela 7.4. A pegada da aplicação é muito menor do que a pegada do sistema operativo em ambos os casos (cerca de 10%). A inclusão da estrutura FT no código do sistema operativo aumenta a sua pegada total de memória em 32KB (15%). Além disso, a introdução de tolerância a falhas no código da aplicação aumenta a sua pegada de memória em 1,3KB (6%). O custo total de memória da implementação FT em relação à implementação não-FT nesta experiência é de 34KB (14,2%).

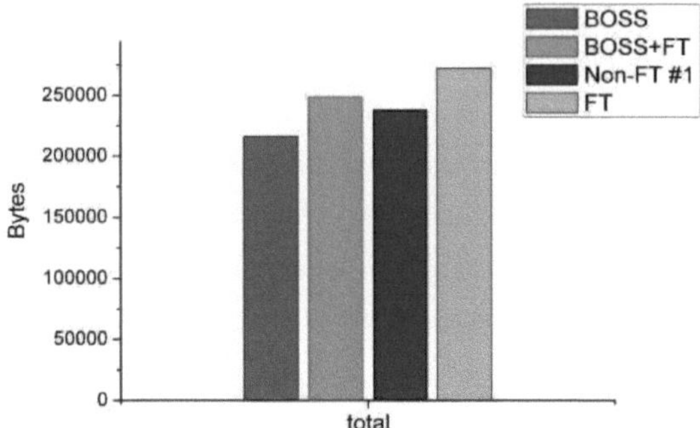

Figura 7.11: Comparação de pegadas de memória FT e não-FT.

A Figura 7.12 apresenta uma representação gráfica de pegadas de memória relacionadas com as várias versões de aplicação de ordenação descritas na secção anterior.

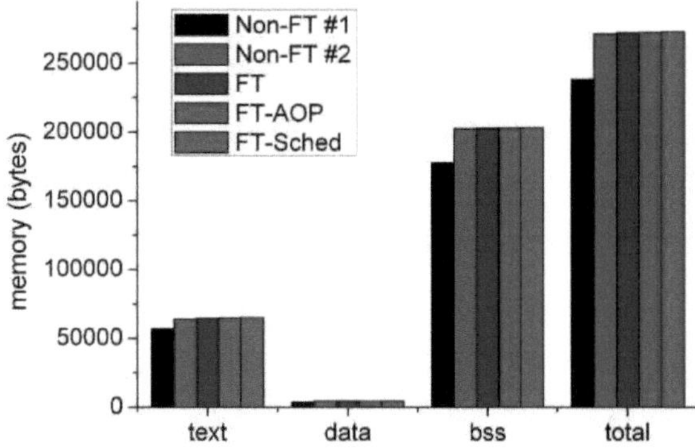

Figure 7.12: Case study I - detailed comparison of memory footprint.

Na Figura 7.12, podemos notar que as diferenças de memória entre as versões são muito pequenas, com excepção da versão Não-TF #1, que não inclui qualquer tolerância a falhas ao nível do SO e da aplicação. Essa diferença é de cerca de 14,2% para o tamanho total da memória, tal como apresentado anteriormente.

A tabela 7.5 mostra os custos adicionais de memória da versão AOP e da versão de programação FT em relação à versão FT padrão. A implementação FT-AOP consome mais 204 bytes de código e 16 bytes de dados não inicializados do que a implementação FT normal. Este aumento no tamanho do código é causado por inlining *após* e *em torno de* conselhos que fazem uso da estrutura de dados de pontos comuns AspectC++. A memória extra para bss está relacionada com a criação de objectos de aspecto e ponteiros, e não é afectada pelo número de fios FT em uso.

Tabela 7.5: Custos adicionais de memória para as versões de programação AOP e FT.

diferenças	texto	dados	bss	total
FT-AOP para FT	204	0	16	220
Agendamento FT para FT	384	0	128	512

A implementação da programação FT também exige código adicional e memória de dados não-inicializada: 384 e 128 bytes, respectivamente. O código adicional é devido à implementação da programação do FED pelo segmento MS. Os dados adicionais estão relacionados com a inclusão de novos atributos nas classes *Thread* e *MiddlewareScheduler*. O custo de memória da programação FT relacionada com bss depende do número de threads de aplicação. Os resultados apresentados na Tabela 7.5 consideram 8 tópicos FT. Se apenas um tópico FT for utilizado, a memória bss adicional para agendamento FT reduz para 72 bytes. Em contraste, o custo da memória de código não é afectado pelo número de roscas de aplicação.

7.2.5 Testes de programação FT

As configurações de ensaio descritas nas secções anteriores foram concebidas para funcionar sem violações de prazos, mesmo quando não se aplica o mecanismo de programação de FT fornecido pela estrutura de FT. Por exemplo, a configuração utilizada para medir o tempo de execução descrito na secção 7.2.3, apesar de ter 8 roscas RB com igual prioridade e altas frequências de activação, foi capaz de terminar todos os cálculos dentro do tempo máximo de resposta de 4.000 microssegundos, uma vez que cada rosca FT tinha um pequeno tempo de processamento e não foram simulados erros na variante primária.

A fim de testar os resultados e benefícios da programação FT, foram concebidas duas configurações de teste especiais. Estas configurações também se basearam numa única placa com aplicações de triagem em simultâneo, como mostra a Figura 7.8, mas utilizando um pequeno número de roscas FT com diferentes tempos de processamento e prazos.

A tabela 7.6 apresenta as definições para estas configurações. A primeira configuração tem duas roscas FT e a segunda tem três roscas FT. Ambas as configurações executam a estratégia RB. O número de números inteiros ordenados por cada fio, bem como o seu tempo máximo de resposta é mostrado nesta tabela. Também é mostrado o tempo de processamento medido para as variantes 1 e 2 (blocos primários e de recuperação) em cada rosca.

As configurações apresentadas na Tabela 7.6 foram implementadas em duas versões de software: com e sem programação FT. A versão de programação FT foi bem sucedida no cumprimento dos prazos em ambas as configurações, mesmo quando uma falha na variante 1 de todos os fios é simulada. Em contraste, a versão FT padrão só é capaz de cumprir os prazos para todas as roscas se não forem simuladas falhas. Os resultados estão resumidos na Tabela 7.7.

Tabela 7.6: Configurações de ensaio de programação FT.

Definições	Configuração # 1		Configuração # 2	
Número de fios RB	2		3	
Número de números inteiros	200		200	
	100		100	
	-		100	
Variantes 1 e 2 tempos de processamento (microssegundos)	1,840	3,242	1,840	3,242
	441	885	441	885
	-	-	441	885
Tempo máximo de resposta (microssegundos)	10,000		14,000	
	6,000		8,000	
	-		6,000	

Tabela 7.7: Resultados dos testes de agendamento de FT.

Versão	Condição de falha	Fio FT	Config #1	Config #2
FT	Sem falhas	1	OK	OK
		2	OK	OK
		3	-	OK
	Falha na variante 1	1	OK	OK
		2	falha	falha
		3	-	falha
Programação de FT	Sem falhas	1	OK	OK
		2	OK	OK
		3	-	OK
	Falha na variante 1	1	OK	OK
		2	OK	OK
		3	-	OK

Os resultados deste teste mostram que o mecanismo de agendamento de FT pode ser útil para eliminar violações de prazos em situações em que múltiplos fios de FT com diferentes tempos de computação e prazos são activados simultaneamente.

7.3 Estudo de caso II: aplicação de filtragem por radar

O segundo estudo de caso desenvolvido para avaliar a aplicação da estrutura FT foi uma aplicação de filtragem por radar. A filtragem por radar é uma aplicação em tempo real normalmente utilizada em sistemas de Comando e Controlo (C2). Em contraste com o estudo de caso I, este estudo de caso aplica técnicas de tolerância a falhas de uma única versão e fios de estado FT.

Nesta aplicação, um computador portátil simula um sistema de radar e gera periodicamente dados de detecção de vários aviões. A geração de dados inclui erros simulados de rumo e distância, típicos deste tipo de equipamento. Os dados do radar são enviados para os sistemas alvo, que filtram a posição dos aviões, utilizando um filtro alfa-beta, e calculam o curso e a velocidade dos aviões.

7.3.1 Configurações de teste

Foram aplicadas três configurações, como mostram os diagramas de implantação UML da Figura 7.13, Figura 7.14 e Figura 7.15. A primeira configuração utiliza uma versão de nó único da aplicação de filtragem, sem qualquer mecanismo de tolerância a falhas. As outras configurações implementam as estratégias PSP e TMR. Nestas figuras, as mensagens difundidas são representadas por autocarros com o assunto da mensagem no topo.

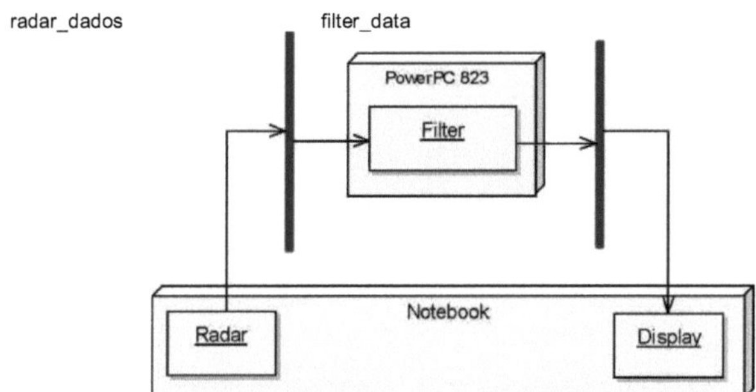

Figura 7.13: Estudo de caso II - configuração não-TF.

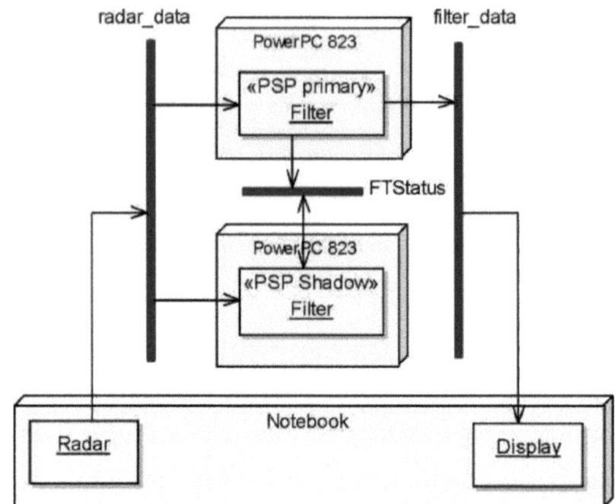

Figura 7.14: Estudo de caso II - Configuração PSP.

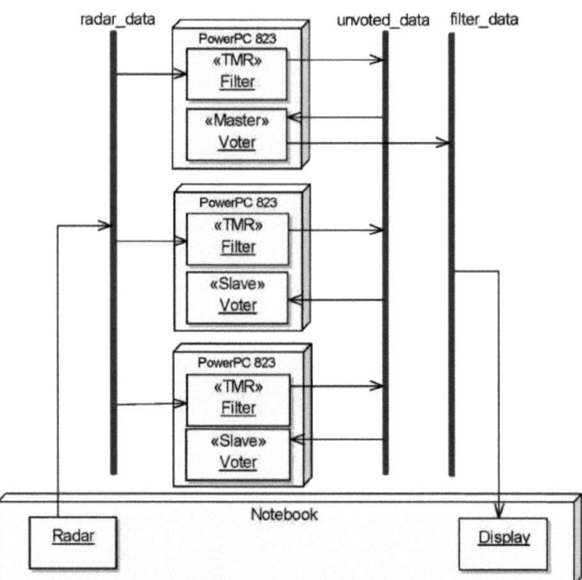

Figura 7.15: Estudo de caso II - Configuração TMR.

O fio *Radar* é um fio BOSS que corre no computador portátil. Gera dados de detecção simulados de radar (rumo e distância) de 4 planos, incluindo erros típicos de medição de radar, e envia periodicamente estes dados utilizando a string "radar_dados" como assunto. O período desta mensagem depende do período de rotação da antena seleccionada do radar simulado. Neste estudo de caso, foi seleccionado um período de 2 segundos (30 RPM). Os planos têm percursos iniciais gerados ao acaso, mas todos têm a mesma velocidade de 100 m/s. Quando atingem uma determinada distância do radar simulado, o seu curso é revertido, de modo a mantê-los a uma distância de 10 quilómetros.

O filtro é a rosca BOSS que corre numa placa PowerPC e filtra os dados do radar, removendo os erros de medição na posição do avião e também calculando o seu curso e velocidade. O algoritmo de filtragem é um filtro alfa-beta que utiliza dois parâmetros variáveis que dependem do número de posições dos aviões recebidos anteriormente. Este estudo de caso utiliza uma única versão do algoritmo de filtragem, mesmo ao executar configurações tolerantes a falhas.

A posição filtrada dos aviões, assim como o seu curso e velocidade são enviados de volta para o computador portátil usando "filter_data" como assunto. Em seguida, são apresentados na linha de comando pelo fio Display. Além disso, foi desenvolvido um programa de visualização gráfica escrito em Java. A Figura 7.16 mostra um exemplo de saída de visualização para a configuração TMR. Na parte esquerda do ecrã, são representados quatro aviões. As posições dos aviões recebidas do radar são traçadas como pequenos círculos, enquanto que as posições filtradas são traçadas como quadrados. Uma linha associada a cada posição filtrada indica o percurso do avião (direcção da linha) e a velocidade (tamanho da linha). Os valores actuais da rota e da velocidade são mostrados à direita da posição de cada plano, bem como um número de identificação. No lado direito do ecrã são apresentados vários dados, como os números IP dos nós que enviam os dados não provocados (apenas para TMR) e os dados dos resultados. É também apresentada uma tabela contendo informações sobre todos os aviões (rumo, velocidade, rumo e distância).

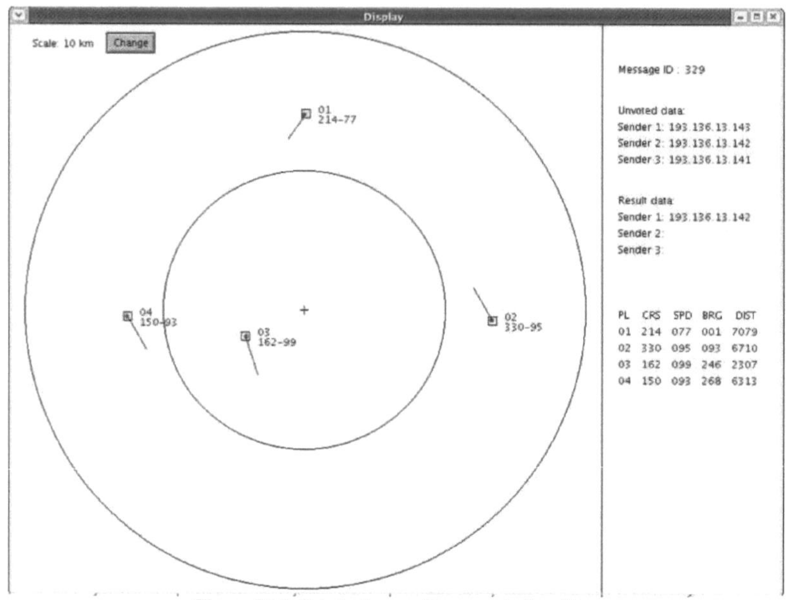

Figura 7.16: Estudo de caso II - exemplo de saída.

7.3.2 Implementações e testes de tolerância a falhas

Para a configuração PSP na Figura 7.14, ambos os fios do Filtro recebem os dados do radar e executam o cálculo, mas apenas o fio primário envia os seus resultados. Na configuração TMR da Figura 7.15, todos os fios do Filtro enviam os seus resultados com "unvoted_data" como assunto, que são recebidos pelos fios do votante. Nesta configuração em particular, é utilizada a votação coordenada, pelo que apenas o fio principal do votante envia os resultados finais para o fio Display. As mensagens de estado e coordenação trocadas entre os tópicos FT e os eleitores são enviadas com "FTStatus" como assunto, como mostrado na Figura 7.14 (omitido na Figura 7.15).

Nas configurações FT, as falhas de hardware foram simuladas desligando as placas PowerPC e as falhas de software foram simuladas através da introdução de erros de valor no cálculo do filtro. Na configuração PSP, uma falha de hardware numa placa funcionando como primário provoca uma mudança para primário no outro nó. Uma falha de software é detectada através do teste de aceitação, e um rollback e uma nova tentativa é realizada com o mesmo algoritmo. Se a falha simulada ainda estiver presente, o fio PSP será reiniciado. Para a configuração TMR, uma falha de hardware no quadro com o eleitor principal implicará num novo quadro de eleitor principal após a próxima eleição principal. Uma falha no software de um dos quadros será mascarada pelo mecanismo de voto.

Se uma placa for inicializada, ou se um fio FT for reiniciado, é necessária uma inicialização de estado, uma vez que a saída do filtro depende da última posição dos aviões e dos parâmetros alfa-beta. Este algoritmo de inicialização é executado pelo objecto *FTStrategy* correspondente, de forma transparente para o programa de aplicação, que apenas tem de definir os métodos *getState* e *setState*, como descrito na Secção 5.3.2.

7.3.3 Implementações AOP

A versão não-TF do fio Filtro foi modificada usando AOP para criar as implementações FT usando PSP e TMR. A definição em que versão do fio Filtro (não-FT, PSP e TMR) será aplicada é tomada em tempo de compilação, usando a mesma versão original não-FT que o código base, e permitindo o conjunto apropriado de aspectos, como descrito na Secção 6.1.1.

As versões AOP dos filtros PSP e TMR foram testadas nas mesmas condições que as suas respectivas versões orientadas para objectos simples, tendo um desempenho idêntico e demonstrando a mesma funcionalidade. Uma comparação dos tempos de execução entre as versões AOP e não AOP conduziu a resultados iguais.

7.3.4 Custos de execução

A simulação de radar envia periodicamente os dados dos aviões de 2 em 2 segundos. Isto corresponde ao período de rotação da antena de radar. A fim de testar o sistema em condições de tempo mais severas e comparar a sobrecarga de funcionamento das configurações de teste, o período de simulação do radar foi reduzido por factores de dois. A Figura 7.17 mostra resultados de desempenho em termos de utilização de CPU para várias configurações e frequências de simulação que variam de 0,5 Hz (2 segundos) a 32 Hz (31,25 ms).

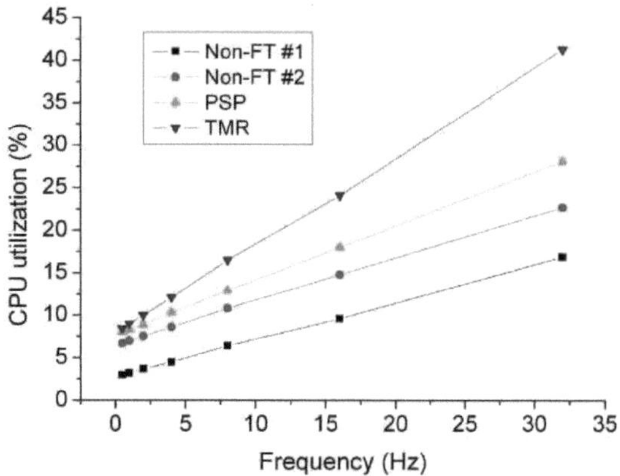

Figura 7.17: Estudo de caso II - Resultados da utilização da CPU.

As curvas rotuladas "Não-FT" estão relacionadas com a versão de nó único não tolerante a falhas mostrada na Figura 7.13. A versão "Non-FT #1" utilizou o sistema operativo original BOSS sem estrutura FT, enquanto na versão "Non-FT #2" a estrutura FT foi integrada. Podemos notar que a utilização da estrutura FT neste estudo de caso implica um custo de execução que varia de 3,8 a 5,2%. Estes resultados são semelhantes aos apresentados na Secção 7.2.3 para o estudo de caso I.

As configurações PSP e TMR resultaram em maior tempo de execução do que as configurações nãoFT, como esperado. A razão é o tempo extra de processamento associado à coordenação FT, procedimentos específicos da aplicação e comunicação de mensagens. A configuração TMR obteve os piores resultados, uma vez que exige mais tópicos para a votação e mais trocas de mensagens.

7.4 Avaliação

Esta secção avalia a aplicação do enquadramento da FT, descrita no Capítulo 5, e a implementação do PON, descrita na Secção 6.1, com base nos resultados obtidos nos estudos de caso I e II.

7.4.1 Quadro FT

A utilização da estrutura FT para tolerância a falhas a nível de aplicação resulta em custos no desempenho temporal (tempo de execução), despesas gerais de execução (utilização de CPU) e memória. No estudo de caso I, o tempo de execução da configuração não FT foi comparado com o tempo de execução de várias configurações FT (Secção 7.2.2). Os resultados apresentados na Figura 7.5 (condição sem falhas) mostram que as implementações FT têm tempos de execução muito mais longos do que a sua contraparte não-FT. Por exemplo, a implementação de NVP da aplicação de classificação tem um tempo de execução local 5 vezes maior. O tempo de execução das configurações FT é afectado pela coordenação entre a rosca MS e a rosca FT. Além disso, para a estratégia NVP, o tempo de execução é afectado pela comunicação extra entre a NVP e os fios do votante.

Em termos de tempo de funcionamento, a Figura 7.9 (estudo de caso I) e a Figura 7.17 (estudo de caso II) mostram que a diferença de utilização de CPU entre configurações não-FT e FT depende linearmente da frequência de activação. Para frequências de activação baixas, a sobrecarga de tempo de execução introduzida por uma configuração FT pode não ter qualquer significado enquanto que para frequências de activação altas pode ter um impacto enorme. A utilização da programação FT também impõe uma pequena sobrecarga de tempo de execução, embora não superior a 0,5% por linha FT.

Relativamente aos custos de memória, verificou-se no estudo de caso I (Secção 7.2.4) que a pegada de memória da versão FT é cerca de 15% maior do que a versão não FT correspondente. Esta diferença deve-se principalmente ao tamanho da memória da estrutura FT e não ao aumento do tamanho da memória da aplicação.

Concluímos que as penalidades de desempenho e os custos de recursos do quadro de tolerância a falhas proposto ainda são aceitáveis, considerando os benefícios na fiabilidade do sistema. Contudo, para sistemas que exigem tempos de execução muito curtos ou que já apresentam uma elevada utilização de CPU ou uma memória livre reduzida, a introdução de tolerância a falhas pode ser um problema, e deve ser tomado especial cuidado, inclusive na selecção da estratégia de FT.

7.4.2 Implementação orientada para o aspecto

A utilização do AOP para introduzir tolerância a falhas ao nível da aplicação não aumenta o tempo de execução da aplicação, tal como descrito na Secção 7.3.3.

Em relação ao tempo de execução, o tempo extra de processamento relacionado com a implementação do AOP depende do período de activação do fio FT. Na Secção 7.2.3, esta sobrecarga foi medida para uma alta frequência de activação (167 Hz - 6 ms) e resultou numa utilização 0,11% mais elevada da CPU por linha FT para programas optimizados. Esta sobrecarga corresponde a um tempo de execução adicional de 6 microssegundos para cada activação da rosca FT.

O aumento da pegada de memória da implementação do AOP é muito baixo. No estudo de caso I, consumiu mais 204 bytes de código e 16 bytes de dados não inicializados do que a implementação FT normal, o que corresponde a menos de 0,1% da pegada total de memória.

Com base nestas experiências, concluímos que a utilização do AOP para a implementação da tolerância a falhas a nível de aplicação não implica um aumento significativo da sobrecarga de tempo de execução ou da pegada de memória.

7.5 Resumo

Este capítulo apresentou dois estudos de caso concebidos para avaliar a introdução da tolerância a falhas a nível da aplicação. O primeiro estudo de caso foi uma aplicação de triagem utilizando a tolerância a falhas de versões múltiplas sem estado. O segundo estudo de caso foi um sistema de filtragem por radar que usava a tolerância a falhas de versão única e roscas de estado.

Tanto as configurações não tolerantes a falhas como as não tolerantes a falhas foram aplicadas nos dois estudos de caso. As configurações tolerantes a falhas fizeram uso de várias estratégias de FT, tais como RB, DRB, PSP, TMR e NVP. Configurações não tolerantes a falhas utilizaram versões de sistemas operativos com e sem a estrutura FT proposta.

O desempenho em termos de tempo de execução, mais os custos relacionados com as despesas gerais de execução e as pegadas de memória foram medidos para estas configurações. Os resultados mostram que a aplicação da estrutura FT causa custos significativos, mas estes ainda são aceitáveis para sistemas incorporados que visem uma elevada fiabilidade. Em contraste, os custos adicionais impostos pela implementação do AOP provaram ser negligenciáveis.

Capítulo 8

Conclusões

Este capítulo resume os objectivos, contribuições e conclusões da presente tese. Propõe também possíveis orientações para futuras investigações.

8.1 Conclusões

O objectivo deste trabalho é fornecer suporte de tolerância a falhas para aplicações incorporadas em tempo real, integrando um quadro de tolerância a falhas no sistema operativo. Usando esta abordagem, o software de aplicação pode ser tornado tolerante a falhas com um elevado grau de transparência relativamente a estratégias de tolerância a falhas e aos seus mecanismos associados, tais como inicialização do estado e coordenação de réplicas. Foi dada especial atenção para permitir a coexistência de tolerância a falhas com restrições em tempo real, fornecendo um mecanismo de programação adicional para as roscas FT.

O quadro de tolerância a falhas proposto utiliza o fio de aplicação como unidade de computação tolerante a falhas. Esta solução utiliza um modelo de rosca que permite a execução de roscas de estado e sem estado num ambiente distribuído. Várias estratégias FT foram implementadas como RB, DRB e NVP. A inclusão de novas estratégias FT ou a modificação das estratégias existentes pode ser facilmente realizada criando novas classes de *FTStrategy* ou derivando classes das existentes.

Como este trabalho visa sistemas incorporados de pequena escala, a solução proposta foi testada utilizando placas PowerPC incorporadas, semelhantes às anteriormente utilizadas no satélite BIRD. Os custos dos recursos em termos de tempo de execução, despesas gerais de funcionamento e utilização de memória foram medidos e comparados para várias configurações em dois estudos de caso apresentados no Capítulo 7. Estes estudos de caso foram seleccionados para permitir a aplicação de uma vasta gama de estratégias de tolerância a falhas utilizando software de uma e múltiplas versões. Os resultados destes testes mostraram que esta abordagem é viável, mas que os custos dos recursos são significativos, especialmente em termos de tempo de execução e de despesas gerais de funcionamento. No entanto, estes custos são considerados aceitáveis para sistemas que exijam uma elevada fiabilidade.

O suporte de tolerância a falhas descrito nesta tese apresenta vários benefícios. O principal benefício é simplificar a programação ao nível da aplicação porque os mecanismos de tolerância a falhas são implementados ao nível do sistema operativo. O programa de aplicação apenas tem de definir parâmetros e implementações de métodos requeridos pela estratégia FT escolhida. Outros benefícios incluem a facilidade de configuração e alta flexibilidade tanto em termos de compilação como de tempo de execução.

Para além da proposta e avaliação de uma estrutura FT integrada num sistema operacional em tempo real, este trabalho avaliou também a aplicação de técnicas orientadas para o espectro ao desenvolvimento de software tolerante a falhas. Neste trabalho, o AOP foi aplicado para três objectivos diferentes: (1) integrar a estrutura FT no sistema operacional; (2) implementar a tolerância a falhas ao nível do sistema operacional; e (3) modular o código de tolerância a falhas ao nível da aplicação.

A integração da estrutura FT no sistema operacional utilizando o AOP permite uma separação completa da estrutura FT do código do sistema operacional. Permite uma integração opcional da estrutura no sistema operativo em tempo de tecelagem/compilação. Esta modularização reflecte-se numa manutenção mais fácil do software e na redução do espaço de memória para aplicações não FT.

A introdução de tolerância a falhas no sistema operativo utilizando o AOP acrescenta mecanismos de detecção de erros de tolerância a falhas. Estes mecanismos são implementados como asserções executáveis que verificam previsões ou invariantes relacionados com a funcionalidade básica do sistema operativo. Este tipo de funcionalidade FT pode ser introduzida selectivamente por aspectos no momento da tecelagem.

O principal alvo da aplicação AOP foi a introdução de tolerância a falhas ao nível da aplicação. Esta abordagem foi utilizada para transmitir a tolerância a falhas às aplicações existentes sem modificar o seu código fonte. A modularização do código de tolerância a falhas ao nível da aplicação utilizando o AOP tem vários benefícios. Primeiro, reduz os esforços e erros ao tornar um sistema legado tolerante a falhas. Também simplifica o desenvolvimento do sistema ao permitir a validação da parte funcional com antecedência. Além disso, facilita a avaliação e comparação de várias configurações FT, e contribui para o desenvolvimento de linhas de produtos e reutilização de código. No entanto, a disponibilidade de tecelões e ferramentas para o desenvolvimento de sistemas incorporados é muito limitada. O compilador AspectC++ utilizado neste trabalho ainda se encontra em testes beta e tem algumas restrições, como descrito na Secção 6.1.2.

Relativamente aos custos dos recursos, as implementações que utilizam a tolerância a falhas a nível de aplicação introduzida pelo POA foram submetidas aos mesmos estudos de caso descritos no Capítulo 7. Os resultados mostram que os custos adicionais impostos pelas técnicas do AOP são insignificantes.

Em resumo, concluímos que a prestação de apoio ao sistema operativo de tolerância a falhas através de um quadro integrado de FT é viável e aceitável, trazendo muitos benefícios ao desenvolvimento de sistemas incorporados tolerantes a falhas. Além disso, as nossas experiências indicam que a aplicação da Programação Orientada para o Espectro para introduzir a tolerância a falhas ao nível da aplicação é vantajosa e rentável.

8.2 Trabalho futuro

Há duas direcções possíveis de trabalho futuro em relação à concepção do quadro de tolerância a falhas: para dentro ou para fora do sistema operativo. A abordagem para dentro seria promover uma maior integração entre o quadro de tolerância a falhas e o sistema operativo. Um exemplo de evolução relativamente a esta abordagem é a modificação do programador do sistema operativo para incluir a avaliação dos prazos dos fios FT. Na implementação actual, esta tarefa é executada pelo fio *MiddlewareScheduler*, e consiste num segundo algoritmo de agendamento. Este trabalho poderia melhorar o comportamento dos sistemas em tempo real e reduzir o tempo de execução do agendamento. Contudo, à medida que a interligação entre o sistema operativo e a estrutura FT aumenta, tornar-se-ia mais difícil manter o seu desenvolvimento separado e apenas combiná-los, se necessário, aplicando o AOP.

A segunda direcção, a abordagem externa, seria separar completamente a estrutura FT do sistema operacional. Usando esta abordagem, poderia ser concebida uma interface de serviço padrão entre a camada de SO e a estrutura FT, a fim de facilitar a portabilidade da estrutura para outros sistemas operativos em tempo real. Neste caso, o sistema operativo deveria ser capaz de fornecer um número mínimo de serviços à estrutura FT, tais como activação precisa do fio, gestão prioritária do fio e mecanismos básicos de comunicação. A estrutura FT teria de implementar o protocolo editor-subscriber para troca de mensagens relacionadas com FT. Esta abordagem melhora a portabilidade da estrutura, mas pode ter impacto no desempenho em tempo real e nos custos de recursos.

Outro possível trabalho futuro é incluir novas estratégias de tolerância a falhas na estrutura FT como, por exemplo, NVP/TMR sequencial [7]. Além disso, a tolerância a falhas

as estratégias actualmente implementadas poderiam ser melhoradas. São sugeridas as seguintes melhorias:

- A implementação de um mecanismo de correcção das divergências de estado nos fios FT que executam a estratégia NVP.

- A implementação de uma cache de recuperação para as estratégias de RB e DRB, utilizando técnicas orientadas para o espectro [10].

- A modificação do comportamento de coordenação entre o fio MS e os fios FT, a fim de reduzir os tempos de execução. Isto pode ser realizado modificando as implementações das classes derivadas da *FTStrategy* e não depende da implementação da classe *MiddlewareScheduler*.

Relativamente à aplicação do AOP no domínio da tolerância a falhas, um possível trabalho de investigação é a realização de mais experiências com a introdução da tolerância a falhas a nível do sistema operativo. Este trabalho deve incluir a definição de previsões para a maioria das funcionalidades do sistema operativo e a implementação de mecanismos de detecção de erros com base nessas previsões. A cobertura de falhas destes mecanismos deve ser avaliada utilizando a injecção de falhas. Deve também ser avaliada se esta abordagem é rentável para aplicações incorporadas.

Uma futura investigação pode também incluir a aplicação do AOP para personalização de middleware. Neste trabalho, a comunicação entre os nós utilizados UDP e broadcast. Outras versões de middleware podem incluir comunicação ponto-a-ponto e diferentes protocolos de transporte. A configuração do tipo de instalação de middleware, bem como outras características, tais como comunicação tolerante a falhas, pode ser definida selectivamente por aspectos.

Uma investigação mais aprofundada sobre a combinação da concepção do sistema operacional orientada para objectos, tecnologias de enquadramento e técnicas orientadas para o espectro pode levar ao desenvolvimento de sistemas incorporados mais personalizáveis, evolutivos e fiáveis.

Bibliografia

1. ACE. A página inicial da Adaptive Communication Environment Douglas C. Schmidt. http://www.cs.wustl.edu/~schmidt/ACE.html.

2. Afonso, F., Silva, C., Montenegro, S. e Tavares, A. Implementação de suporte de tolerância a falhas de middleware para aplicações incorporadas em tempo real. Em *Actas da Sessão de Trabalho em Curso da 18ª Euromicro Conference on Real-Time Systems - ECRTS* (Dresden, Alemanha, 2006).

3. Afonso, F., Silva, C., Montenegro, S. e Tavares, A. Suporte de Tolerância a Falhas de Middleware para o Sistema Operativo Embutido BOSS. In *Proceeding of the International Workshop on Intelligent Solutions in Embedded Systems* (Viena, Áustria, 2006), 1-12.

4. Afonso, F., Silva, C., Montenegro, S. e Tavares, A. Aplicando aspectos a um sistema operativo incorporado em tempo real. Em *Actas do 6º workshop sobre Aspectos, componentes e padrões para software de infra-estruturas - ACP4IS* (Vancouver, British Columbia, Canadá, 2007), ACM.

5. Afonso, F., Silva, C., Brito, N., Montenegro, S. e Tavares, A. Tolerância a falhas orientadas para o ponto de vista dos sistemas incorporados em tempo real. Em *Proceedings of the AOSD workshop on Aspects, components, and patterns for infrastructure software - ACP4IS* (Bruxelas, Bélgica, 2008), ACM, 1-8.

6. Afonso, F., Silva, C., Tavares, A. e Montenegro, S. Tolerância de falhas ao nível da aplicação em sistemas incorporados em tempo real. In *Proceeding of the International Symposium on Industrial Embedded Systems - SIES* (Montpelier, França, 2008), 126-133.

7. Aidemark, J., Folkesson, P. e Karlsson, J. Uma estrutura para tolerância a falhas ao nível do aceno em sistemas distribuídos em tempo real. Em *Proceedings of the International Conference on Dependable Systems and Networks* (2005), IEEE Computer Society, 656-665.

8. Aksit, M., Wakita, K., Bosch, J., Bergmans, L. e Yonezawa, A. Abstraindo as Interacções entre Objectos usando Filtros de Composição. Em *Proceedings of the Workshop on Object-Based Distributed Programming* (1994), SpringerVerlag, 142-184.

9. Alexandersson, R., Ohman, P. e Ivarsson, M. Software orientado para os aspectos implementou tolerância a falhas ao nível dos nós. *Nineth IASTED International Conference on Software Engineering and Applications - SEA*, Phoenix, AZ, USA, 2005.

10. Alexandersson, R. e Ohman, P. Implementando a Tolerância a Falhas utilizando a Programação Orientada para os Aspectos. Em *Proceeding of the Third Latin American Symposium on Dependable Computing* (Morelia, México, 2007), SpringerVerlag, 57-74.

11. Ammann, P.E. e Knight, J.C. Diversidade de dados: uma abordagem à tolerância a falhas de software. *IEEE Transactions on Computers,* 37 (4): 418-425, 1988.

12. AOSD. Aspect Oriented and Fault Tolerance (aosd-discuss mailing list). http://aosd.net/pipermail/discuss_aosd.net/2004-May/000953.html.

13. Arlat, J., Fabre, J.C. e Rodriguez, M. Confiabilidade dos sistemas baseados em microkernel COTS. *IEEE Transactions on Computers,* 51 (2): 138-163, 2002.

14. AspectC++. Lista de correio do utilizador - Substituição da classe base, Abril de 2007. http://p15111082.pureserver.info/pipermail/aspectc-user/2007- April/001146.html.

15. AspectC++. Lista de correio do utilizador - Substituição da classe base, Janeiro de 2007. http://p15111082.pureserver.info/pipermail/aspectc-user/2007-January/001101. html.

16. AspectC++. http://www.aspectc.org/.

17. AspectJ. http://www.eclipse.org/aspectj/.

18. Athavale, A. Avaliação do desempenho dos sistemas de votação híbridos. Tese de Mestrado. *Departamento de Informática,* Universidade Estatal da Carolina do Norte, 1990.

19.   Avizienis, A. A Metodologia da Programação de N-Versão. In Lyu, M.R. ed. *Software fault tolerance,* Wiley, 1995, 23-46.

20.   Avizienis, A., Laprie, J.C., Randell, B. e Landwehr, C.A.L.C. Conceitos básicos e taxonomia de computação fiável e segura. *IEEE Transactions on Dependable and Secure Computing,* 1 (1): 11-33, 2004.

21.   Barret, P.A. e Speirs, N.A. Rumo a uma abordagem integrada da tolerância a falhas no Delta-4. In *Distributed Systems Engineering*, Institute of Physics Publishing, 1993, 59-66.

22.   BeeSat. Universidade Técnica de Berlim. http://www.beesat.de.

23.   Beuche, D., Guerrouat, A., Papajewski, H., Schroder-Preikschat, W., Spinczyk, O. e Spinczyk, U. A família PURE de sistemas operacionais orientados para objectos para sistemas profundamente embutidos. Em *Proceedings of the 2nd IEEE International Symposium on Object-Oriented Real-Time Distributed Computing - ISORC* (1999), 45-53.

24.   Brie, K., Barwald, W., Gill, E., Kayal, H., Montenbruck, O., Montenegro, S., Halle, W., Skrbek, W., Studemund, H., Terzibaschian, T. e Venus, H. Demonstração tecnológica pela BIRD-missão. *Acta Astronautica*, 56 (1-2): 57-63, 2005.

25.   Briere, D. e Traverse, P. AIRBUS A320/A330/A340 controlos de voo eléctricos - Uma família de sistemas tolerantes a falhas. Em *Proceedings of the Twenty- Third International Symposium on Fault-Tolerant Computing - FTCS-23* (Toulouse, França, 1993), 616-623.

26.   Ceccato, M. e Tonella, P. Adicionando distribuição às aplicações existentes por meio de programação orientada para o aspecto. Em *Proceedings of the Fourth IEEE International Workshop on Source Code Analysis and Manipulation* (2004), 107-116.

27.   Chen, L. e Avizienis, A. N-Version Programming: Uma abordagem de tolerância a falhas na fiabilidade do funcionamento do sotware. Em *Proceedings of FTCS-8* (Tolouse, França, 1978), 3-9.

28.   Chiba, S. Um protocolo de metaobjecto para C++. *ACM SIGPLAN Notices,* 30 (10):

285-299, 1995.

29. Coady, Y., Kiczales, G., Feeley, M. e Smolyn, G. Usando o aspectC para melhorar a modularidade da personalização específica do caminho no código do sistema operacional. In *Proceedings of the 8th European Software Engineering Conference* (Viena, Áustria, 2001), ACM, 88 - 98.

30. Coady, Y. e Kiczales, G. De volta ao futuro: um estudo retroactivo da evolução do aspecto no código do sistema operativo. Em *Proceedings of the 2nd international conference on aspect-oriented software development* (Boston, Massachusetts, 2003), ACM, 50-59.

31. Colyer, A., Clement, A., Bodkin, R. e Hugunin, J. Usando AspectJ para integração de componentes em middleware. In *Proceedings of the Conference on Object Oriented Programming Systems Languages and Applications* (Anaheim, CA, USA, 2003), ACM, 339 - 344.

32. Colyer, A. e Clement, A. AOSD em grande escala para middleware. In *Proceedings of the 3rd international conference on aspect-oriented software development* (Lancaster, UK, 2004), ACM, 56 - 65.

33. Connotech. Software gratuito C/C++ Cross-Compiler Suite para o MPC8xx da Motorola. http://www.connotech.com/gcc_mpc8xx/powerpc_eabi_mpc850.htm.

34. Constantinides, C., Skotiniotis, T. e Stoerzer, M. AOP considerado prejudicial. *Primeiro Workshop Europeu Interactivo sobre Sistemas Aspecto - EIWAS,* 2004.

35. Daniels, F., Kim, K. e Vouk, M.A. O padrão híbrido fiável: um padrão generalizado de desenho tolerante a falhas de software. In *Proceedings of PLOP conference* (Monticelo, Illinois, EUA, 1997).

36. Dijkstra, E.W. On the role of scientific thought In *Selected writings on computing: a personal perspective*, Springer-Verlag New York, Inc., 1982, 60-66.

37. Dong, L., Melhem, R., Mosse, D., Ghosh, S., Heimerdinger, W. e Larson, A. Implementação de um esquema de tolerância à falha transitória em DEOS. Em

Proceedings of the Fifth IEEE Real-Time Technology and Applications Symposium (1999), IEEE Computer Society, 56-65.

38. DREAM. Universidade da Califórnia, Irvine. http://dream.eng.uci.edu/.

39. ECOS. http://ecos.sourceware.org/.

40. Egan, A., Kutz, D., Mikulin, D., Melhem, R. e Moss, D. Fault-tolerant RT- Mach (FT-RT-Mach) e uma aplicação para controlo de comboios em tempo real. *Software Practice and Experience*, 29 (4): 379-395, 1999.

41. ESRG. Embedded Systems Research Group, Departamento de Electrónica Industrial, Universidade do Minho. http://esrg.dei.uminho.pt/.

42. Filman, R.E. e Friedman, D.P. A Programação Orientada para o Espectro é Quantificação e Oblivieza. *Relatório técnico n° 46,* Research Institute for Advanced Computer Science (RIACS), 2000.

43. PRIMEIRO. Instituto Fraunhofer de Arquitectura Informática e Tecnologia de Software. http://www.first.fhg.de/en/home.

44. FORTES. Sistemas em Tempo Real Tolerantes a Falhas. Universidade de Pittsburgh. http://www.cs.pitt.edu/FORTS/.

45. Gaisler, J. Um microprocessador portátil e tolerante a falhas, baseado na arquitectura SPARC v8. Em *Proceedings of the International Conference on Dependable Systems and Networks - DSN* (2002), 409-415.

46. Gal, A., Spinczyk, O. e Schroder-Preiskchat, W. Orientados para o aspecto em sistemas distribuídos e de confiança em tempo real. Em *Proceedings of the Seventh International Workshop on Object-Oriented Real-Time Dependable Systems - WORDS* (2002), 261-267.

47. Gama, E., Helm, R., Johnson, R. e Vlissides, J. *Design Patterns: Elementos de Software Reutilizável Orientado para Objectos.* Addison-Wesley, 1995.

48. Gokhale, A., Natarajan, B., Schmidt, D.C. e Cross, K.C. Towards RealTime Fault-

Tolerant CORBA Middleware. *Cluster Computing*, 7 (4): 331-346, 2004.

49. Gray, J. Porque é que os computadores param e o que pode ser feito em relação a isso? *Relatório Técnico 85-7,* Tandem Computers, Cupertino, CA, 1985.

50. Gray, J. e Siewiorek, D.P. Sistemas informáticos de alta disponibilidade. *Computador,* 24 (9): 39-48, 1991.

51. Hecht, M., Agron, J., Hecht, H. e Kim, K.H. Uma arquitectura distribuída tolerante a falhas para reactores nucleares e outras aplicações críticas de controlo de processos. Em *Proceedings of the 21st International Symposium of Fault-Tolerant Computing - FTCS-21* (1991), 462-498.

52. Hecht, M., Hecht, H. e Shokri, E. Tolerância adaptativa a falhas para naves espaciais. Em *Proceedings of the IEEE Aerospace Conference* (2000), 521-533.

53. Herrero, J.L., Sanchez, F. e Toro, M. Tolerância a falhas como um aspecto usando JReplica. Em *Proceedings of the Eighth IEEE Workshop on Future Trends of Distributed Computing Systems - FTDCS* (2001), 201-207.

54. Hillman, R., Swift, G., Layton, P., Conrad, M.A.C.M., Thibodeau, C.A.T.C. e Irom, F.A.I.F. Técnicas de mitigação e validação da radiação do processador espacial para uma placa processadora de 1.800 MIPS. Em *Proceedings of the 7th European Conference on Radiation and Its Effects on Components and Systems - RADECS* (2003), 347-352.

55. Horning, J.J., Lauer, H.C., Melliar-Smith, P.M. e Randell, B. Uma estrutura de programa para detecção e recuperação de erros. Em *Proceedings of an International Symposium Operating Systems* (1974), Springer-Verlag, 171 - 187

56. Hursch, W. e Lopes, C. Separation of concerns, College of Computer Science, Northeastern University, 1995.

57. Jalote, P. *Tolerância a falhas em sistemas distribuídos.* Prentice-Hall, Inc., 1994.

58. Kantz, H. e Koza, C. O sistema de sinalização ferroviária ELEKTRA: experiência de campo com um sistema replicado activamente com diversidade. Em *Proceedings of the*

21st International Symposium on Fault-Tolerant Computing - FTCS (1995), 453-458.

59. Kaul, D. e Gokhale, A. Especialização em middleware utilizando programação orientada para o aspecto. Em *Proceedings of the 44th annual Southeast regional conference* (Melbourne, Florida, 2006), ACM, 319 - 324.

60. Kayal, H., Baumann, F., Briess, K. e Montenegro, S. BEESAT: Um Satélite Pico para a Verificação em Órbita de Micro Rodas. In *Proceeding of 3rd International Conference in Recent Advances in Space Technology - RAST* (Istambul, Turquia, 2007), 487-502.

61. Kenneth, P.B. *Construir aplicações de rede seguras e fiáveis.* Manning Publications Co., 1997.

62. Kiczales, G., Lamping, J., Menhdhekar, A., Maeda, C., Lopes, C., Loingtier, J.-M. e Irwin, J. Aspect-Oriented Programming. In *Proceedings European Conference on Object-Oriented Programming* (1997), Springer-Verlag, 220-242.

63. Kienzle, J. e Guerraou, R. AOP: Faz Sentido? O Caso da Concorrência e das Falhas. Em *Lecture Notes in Computer Science*, SpringerVerlag, 2002, 113-121.

64. Kim, K.H. e Welch, H.O. Execução distribuída de blocos de recuperação: uma abordagem para o tratamento uniforme de falhas de hardware e software em aplicações em tempo real. *IEEE Transactions on Computers*, 38 (5): 626-636, 1989.

65. Kim, K.H. e Min, B.J. Abordagens à implementação de múltiplas estações DRB em redes informáticas estreitamente acopladas. Em *Proceedings of the Fifteenth Annual International Computer Software and Applications Conference - COMPSAC* (1991), 550-557.

66. Kim, K.H. O esquema de blocos de recuperação distribuídos. Em Lyu, M.R. ed. *Software Fault Tolerance*, Wiley, 1995, 189-209.

67. Kim, K.H. e Subbaraman, C. Objectos tolerantes a falhas em tempo real. *Comunicações do ACM*, 40 (1): 75-82, 1997.

68. Kim, K.H. ROAFTS: uma arquitectura de middleware para suporte de tolerância a falhas adaptativas orientadas a objectos em tempo real. Em *Proceedings of theThird*

IEEE International High-Assurance Systems Engineering Symposium (1998), 50-57.

69. Kim, K.H., Ishida, M. e Juqiang, L. Uma arquitectura de middleware eficiente que suporta objectos activados pelo tempo e uma implementação baseada em NT. Em *Proceedings of the 2nd IEEE International Symposium on Object-Oriented Real-Time Distributed Computing - ISORC* (1999), 54-63.

70. Kim, K.H. Toward Integration Of Major Design Techniques For Real-Time Fault-Tolerant Computer Systems. *Journal of Integrated Design & Process Science 6(1)*: 83-101, 2002.

71. Kopetz, H. *Real-Time Systems: Princípios de Desenho para Aplicações Distribuídas Embutidas*. Kluwer Academic Publishers, 1997.

72. Lala, J.H. e Harper, R.E. Princípios arquitectónicos para aplicações críticas de segurança em tempo real. *Actas do IEEE*, 82 (1): 25-40, 1994.

73. Lohmann, D., Scheler, F., Schroder-Preikschat, W. e Spinczyk, O. PURE Embedded Operating Systems - CiAO. In *International Workshop on Operating System Platforms for Embedded Real-Time Applications - OSPERT* (Dresden, Alemanha 2006).

74. Lohmann, D., Scheler, F., Tartler, R., Spinczyk, O. e Schroder-Preikschat, W. Uma análise quantitativa de aspectos no núcleo do eCos. *SIGOPS Operating Systems Review*, 40 (4): 191-204, 2006.

75. Lohmann, D., Spinczyk, O. e Schroder-Preiskchat, W. Lean and Efficient System Software Lines Product Lines - Where Aspects Beat Objects. *Transaction of Aspect-Oriented Software Development II (TAOSD),* Springer LNCS (4242): 227-255, 2006.

76. Lohmann, D., Streicher, J., Spinczyk, O. e Schroder-Preikschat, W. Interrupt synchronization in the CiAO operating system: experiências de implementação de políticas de sistema de baixo nível pela AOP. Em *Actas do 6º workshop sobre Aspectos, componentes e padrões para software de infra-estruturas - ACP4IS* (Vancouver, British Columbia, Canadá, 2007), ACM, Artigo No. 6.

77. Maes, P. Concepts e experiências de reflexão computacional. *Aviso ACM SIGPLAN,* 22 (12): 147-155, 1987.

78. Magnusson, J. Set e Get in AspectC++. M.S. Tese. *Departamento de Ciência e Engenharia Informática,* Chalmers University of Technology, Goteborg, 2006.

79. Mahrenholz, D., Spinczyk, O., Gal, A. e Schroder-Preikschat, W. An Aspect-Oriented Implementation of Interrupt Synchronization in the PURE Operating System Family. Em *Actas do Quinto Workshop ECOOP sobre Orientação a Objectos e Sistemas Operativos* (Málaga, Espanha, 2002), 49-54.

80. Mahrenholz, D., Spinczyk, O. e Schroder-Preikschat, W. Programa de instrumentação para depuração e monitorização com AspectC++. Em *Proceedings of the Fifth IEEE International Symposium on Object-Oriented Real-Time Distributed Computing - ISORC* (2002), 249-256.

81. Montenegro, S. e Zolzky. BOSS/EVERCONTROL OS /Middleware Target Ultra High Dependability In *Proceedings of Data Systems In Aerospace - DASIA* (Edinburgh, Escócia, 2005).

82. Montenegro, S., Briess, K. e Kayal, H. Software de confiança (BOSS) para o satélite BEESat Pico Sattelite. Em *Proceedings of the Data Systems on Aerospace Conference* (Berlim, Alemanha, 2006).

83. Montenegro, S. e Dittrich, L. Arquitectura do SSB Core Avionics System. *Data Systems in Aerospace - DASIA* Palma de Mallorca, 2008.

84. Munoz, F., Barais, O. e Baudry, B. Uso vigilante de Aspectos. *Workshop sobre Aspectos, Dependências, e Interacções no ECOOP 2007,* Berlim, Alemanha, 2007.

85. Narasimhan, P., Dumitra, T.A., Paulos, A.M., Pertet, S.M., Reverte, C.F., Slember, J.G. e Srivastava, D. MEAD: apoio para CORBA em Tempo Real- Tolerante a Falhas. *Concurrency and Computation : Practice and Experience,* 17 (12): 1527-1545, 2005.

86. Natarajan, B., Gokhale, A., Yajnik, S. e Schmidt, D.C. DOORS: para CORBA tolerante a falhas de alto desempenho. Em *Proceedings of the International Symposium on Distributed Objects and Applications - DOA* (2000), 39-48.

87. Nelson, V.P. Computação tolerante a falhas: conceitos fundamentais. *Computador,* 23 (7): 19-25, 1990.

88. OMG. CORBA Core Specification version 3.0.3 chapter 23. http://www. omg. org/ cgi-bin/doc? formal/2004-03 -12.

89. OMG. Versão de especificação CORBA em tempo real 1.2 http://www.omg.org/cgi-bin/doc?formal/05-01-04.

90. OMG. Grupo de Gestão de Objectos. http://www.omg.org/.

91. Parnaso, D.L. Sobre os critérios a utilizar nos sistemas em decomposição em módulos. *Comunicações do ACM*, 15 (12): 1053-1058, 1972.

92. Powell, D. Distributed fault tolerance - lições aprendidas com Delta-4. In *Papers of the workshop on hardware and software architectures for fault tolerance* (Le Mont Saint Michel, França, 1994), Springer-Verlag, 199 - 217

93. Pradhan, D.K. (ed.), *Fault-tolerant computer system design*. Prentice-Hall, Inc., 1996.

94. Pullum, L.L. *Técnicas de tolerância a falhas de software e implementação*. Artech House, Inc., 2001.

95. Pure-Systems. Puro::variantes. http://www.pure-systems.com/.

96. Qing, L. e Caroline, Y. *Conceitos em Tempo Real para Sistemas Embebidos.* CMP Books, 2003.

97. Randel, B. e Jie, X. A evolução do conceito de bloco de recuperação. In Lyu, M.R. ed. *Software fault tolerance,* Wiley, 1995, 1-21.

98. Randell, B. Estrutura do sistema para tolerância a falhas de software. Em *Proceedings of the International Conference on Reliable Software* (Los Angeles, Califórnia, 1975), ACM, 437 - 449

99. Ren, Y., Bakken, D.E., Courtney, T., Cukier, M., Karr, D.A., Rubel, P., Sabnis, C., Sanders, W.H., Schantz, R.E. e Seri, M. AQuA: uma arquitectura adaptativa que fornece objectos distribuídos de confiança. *IEEE Transactions on Computers*, 52 (1): 31-50, 2003.

100. Salles, F., Rodriguez, M., Fabre, J.C. e Arlat, J. MetaKernels e invólucros de contenção de falhas. Em *Proceedings of the 29th Annual International Symposium on Fault-Tolerant Computing* (1999), 22-29.

101. Schneider, F. Implementar serviços tolerantes a falhas utilizando a abordagem da máquina estatal: um tutorial. *ACM Computing Surveys,* 22 (4): 299-319, 1990.

102. Scott, R.K., Gault, J.W. e McAllister, D.F. Fault-Tolerant Software Reliability Modeling. *IEEE Transactions on Software Engineering*, 13 (5): 582-592, 1987.

103. Shokri, E., Crane, P., Kim, K.H. e Subbaraman, C. Architecture of ROAFTS/Solaris: um middleware baseado em Solaris para suporte de tolerância a falhas adaptativas orientadas a objectos em tempo real. Em *Proceedings of the 22nd Annual InternationalComputer Software and Applications Conference - COMPSAC* (1998), 90-98.

104. Siewiorek, D.P. Arquitectura de computadores tolerantes a falhas: uma perspectiva histórica. *Actas do IEEE*, 79 (12): 1710-1734, 1991.

105. Spinczyk, O. e Lohmann, D. Usando o AOP para desenvolver componentes do sistema operativo neutros do ponto de vista arquitectónico. Em *Actas do 11º workshop sobre o workshop europeu ACM SIGOPS* (Leuven, Bélgica, 2004), ACM, Artigo No. 34

106. Spinczyk, O. e Lohmann, D. A concepção e implementação da AspectC++. *Sistemas baseados no conhecimento,* 20 (7): 636-651, 2007.

107. Steimann, F. O sucesso paradoxal de uma programação orientada para um ponto de vista. Em *Actas da Conferência OOPSLA* (Portland, Oregon, EUA, 2006), ACM, 481 - 497

108. Storey, N. *Safety Critical Computer Systems.* Addison-Wesley Longman Publishing Co., Inc., 1996.

109. Szentivanyi, D. e Nadjm-Tehrani, S. Aspectos para a melhoria do desempenho em software tolerante a falhas. Em *Proceedings of the 10th IEEE Pacific Rim International Symposium on Dependable Computing* (2004), 283291.

110. Tokuda, H., Nakajima, T. e Rao, P. Real-time Mach: rumo a um sistema previsível em tempo real. Em *Proceedings of USENIX Mach Workshop* (1990), 73-82.

111. Torres, W. Tolerância a Falhas de Software: A Tutorial, NASA Langley Technical Report Server, 2000.

112. Tourwd, T., Brichau, J. e Gybels, K. Sobre a existência do paradoxo AOSD- evolução. *Workshop sobre Propriedades de Engenharia de Software de Línguas para Tecnologias de Aspectos - SPLAT- AOSD*, Boston, 2003.

113. TQ. TQ Componentes. http://www.tqc.de/.

114. TRESE group, U.o.T. Composition Filters implementation project. Universidade de Twente. http://trese.cs.utwente.nl/.

115. Tso, K.S., Shokri, E.H., Tai, A.T. e Dziegiel Jr., R.J. Uma estrutura de reutilização para tolerância a falhas de software. In *Proceedings of the 10th AIAA Computing in Aerospace Conference* (San Antonio, TX, 1995), 490-500.

116. TXL. http://www.txl.ca/.

117. Verissimo, P. e Rodrigues, L. *Distributed Systems for System Architects.* Kluwer Academic Publishers, 2001.

118. Vitulli, R. e Montenegro, S. Arquitectura de alto desempenho ultra fiável para robótica autónoma no espaço. *Nineth ESA Workshop on Advanced Space Technologies for Robotics and Automation*, Noordwijk, The Netherlands, 2006.

119. Xu, J., Randell, B., Rubira-Calsavara, C.M.F. e Stroud, R.J.A.S.R.J. Rumo a uma abordagem orientada para objectos de tolerância a falhas de software. Em *Proceedings of IEEE Workshop on Fault-Tolerant Parallel and Distributed Systems* (1994), 226-233.

120. Xu, J., Randel, B. e Zorzo, A.F. Implementando a Tolerância a Falhas de Software em C++ e OpenC++: uma abordagem orientada para o objecto e reflexiva. In *Proceedings of the International Workshop on Computer-Aided Design, Test andEvalution for Dependability* (Beijing, China, 1996), pp. 224-229.

121. Xu, J., Randell, B. e Romanovsky, A. Uma abordagem genérica à estruturação e implementação de software complexo tolerante a falhas. Em *Proceedings of the Fifth IEEE International Symposium on Object-Oriented Real-Time Distributed Computing - ISORC* (2002), 207-214.

122. XWeaver. http://www.xweaver.org/.

123. Yacoub. Yacoub Automation GmdH. http://www.yacoub.de/e_frame.htm.

124. Zhang, C. e Jacobsen, H.A. Refactoring middleware com aspectos. *IEEE Transactions on Parallel and Distributed Systems,* 14 (11): 1058-1073, 2003.

yes
I want morebooks!

Buy your books fast and straightforward online - at one of world's fastest growing online book stores! Environmentally sound due to Print-on-Demand technologies.

Buy your books online at
www.morebooks.shop

Compre os seus livros mais rápido e diretamente na internet, em uma das livrarias on-line com o maior crescimento no mundo! Produção que protege o meio ambiente através das tecnologias de impressão sob demanda.

Compre os seus livros on-line em
www.morebooks.shop

KS OmniScriptum Publishing
Brivibas gatve 197
LV-1039 Riga, Latvia
Telefax: +371 686 204 55

info@omniscriptum.com
www.omniscriptum.com

Printed by Books on Demand GmbH, Norderstedt / Germany